Copyright:      2015/2016 Jim Schatzmann
Cover:          Jim Schatzmann
Land:           Austria/Tirol
ISBN-13:        978-1533030214
ISBN-10:        1533030219

„NINE LIVES"

© 2016 Jim

Es war ein langer, oftmals auch harter und steiniger Weg, bis ich es schaffte, mir diesen Schmutz von meinem früheren Leben abzuwaschen und zu dem zu werden was ich heute bin. Zugegeben, ich liebe mein unauffälliges Leben, da ich schon sehr lange keine Lust mehr darauf habe, mit Biegen und Brechen eine innere Revolutionskultur nach aussen zu kehren und damit jeden sehen zu lassen, was für ein wilder Hund ich doch bin. Den Menschen, der sich mit aller Gewalt gegen alles aufzulehnen versuchte und das auch ganz frei zeigte, in dem er sich mit Leder und Nieten zukleisterte und dessen Irokesen an jedem genormten Türrahmen streifte, den gibt es schon sehr lange nicht mehr. Die Gesellschaft, mit all ihren Normen und Gesetzen, Gedanken und Meinungen, musste gnadenlos für die eigene Ziellosigkeit und den eigenen Lebensfrust herhalten. Feindbilder wurden geschaffen und wahllos ausgesucht, jeder bekam sein Fett ab, nur ich merkte damals nicht, dass ich mir selbst den Mittelfinger entgegenstreckte, weil ich mit meinem gesamten, jungen Leben nicht zurecht kam. Und anstatt nachzudenken, schlitterte ich immer tiefer in Abgründe, welche prägend sein sollten für mein ganzes Leben, bis zum heutigen Tag. Ich überlebte Situationen, an denen andere ziemlich gleich, oder gar sofort ihr Leben lassen mussten. Dieses "einfach weg sein", nach einer Überdosis Heroin, oder dass ich mir trotz einer fehlenden Herzklappe, Speed und Kokain in rauhen Mengen reinzog, ohne damals zu wissen, dass eine jede Line Koks, oder jedes Amphetamin, einen sofortigen Herzstillstand auslösen hätte können; alle diese Situationen überlebte ich und darf mich heute eines zufriedenen Lebens erfreuen, während die Lebenserwartung vieler anderer in diesem Metier mit einem durchschnittlich halben Jahr beziffert werden konnte. Dafür gesellten sich in späteren Jahren Nachwehen und Erkrankungen, welche einzeln gesehen zwar nicht immer so schlimm waren, mir aber in Summe gesehen, doch eine lange Zeit schwer zu schaffen machten.

Es gab Punkte in meinem Leben, an denen ich dachte, dass es nicht mehr tiefer runter geht und ich schon abgeschlossen hatte, dennoch entkam ich alledem und gewann irgendwann die große Erkenntnis daraus, dass schon ein tieferer Sinn dahinter stecken müsse und mein Leben noch viel vor hat mit mir. Bequem zu sein und die heutige Lebensituation als selbstverständlich zu betrachten, war nie ein Thema für mich, denn das wäre für mich schon die Grenze zur Dummheit und Kurzsichtigkeit gewesen. Statt dessen stellte ich mich dem Ganzen machte etwas daraus.

Gleich zu Beginn möchte ich anmerken, dass dies nicht die Geschichte eines geläuterten Junkies ist, der seinen Weg aus der Sucht, hinein in ein drogenfreies Leben suchte, denn dieses Kapitel meines Lebens sehe ich schon seit über 20 Jahren als abgehakt und erledigt an. Trotzdem gehört es zu meinem Leben und es führte mich über viele Wege und Umwege, zu dem hin, was ich heute bin und sein darf. Wären alle diese schlimmen

Zeiten nicht gewesen, wäre ich wahrscheinlich nie von meiner Heimat weggezogen, hätte nie die Erfahrungen machen dürfen die ich machte und hätte demnach auch nie zu meiner heutigen seelischen und gedanklichen Reife gelangen können. Nur sollte die Botschaft daraus nicht falsch verstanden werden, denn ich wuchs und reifte zwar an all diesen schlimmen Zeiten und vor allem an den Erfahrungen danach, dennoch möchte ich diese Zeit nie mehr wieder erleben müssen und wünsche das auch niemandem. Auch liegt es mir fern, diese Zeit zu romantisieren und somit anderen schmackhaft zu machen, so wie ich es auch erlebt hatte in jungen Jahren. Es gab sie, diese Bücher und Filme, deren eigentlicher Zweck zwar die Abschreckung und die Prophylaxe hätte sein sollen, aber bei so frustrierten und zukunftslosen jungen Menschen, wie ich einer war und leider auch viele andere, genau das Gegenteil bewirkten und dann in der Realität eher als eine Art Bauanleitung zur Selbstzerstörung wirkten. Und genau davon sollen meine Zeilen, welche von dieser Zeit sind, nicht handeln. Dazu habe ich im Anhang an das dementsprechende Kapitel, extra noch einen Nachsatz verfasst.

Heutzutage ist es üblich und konform, Erfolg an beruflichen und finanziellen Maßstäben zu messen. Müsste ich jetzt schon ein Resümee ziehen und würde mich an diesen Werten messen, würde mein Ergebnis eher bescheiden ausfallen, oder gar als Misserfolg gelten. Trotzdem sehe ich mich als überaus erfolgreichen Menschen an. Ich schaffte es vor vielen Jahren, von einer Drogensucht wegzukommen, welche mein Leben bis Dato in den Grundfesten ruinierte und fast zerstörte. Des weiteren erschuf ich mir darauf ein komplett neues Leben, fern ab meiner ursprünglichen Heimat und mit einem geistigen und finanziellen Null-Kapital. Und ich schuf mir Schritt für Schritt Rahmenbedingungen, um meine Träume auszuleben und sie mir zu erfüllen. Ich kann mich noch sehr gut an meinen letzten Entzug, vor über 20 Jahren erinnern, als mich einer der dortigen Therapeuten fragte, was ich mit meinem Leben denn wohl anfangen wolle, sollte der wohl eher unwahrscheinliche Fall eintreten, dass ich es schaffe, die Sucht hinter mir zu lassen. Ich war körperlich ziemlich am Ende und hatte von einer Art Zukunft noch keinen blassen Schimmer, aber ich wusste eines, ich mache Musik, was ich ihm auch mitteilte. Die Antwort bestand aus einem verschmitzten Lächeln, welches für mich damals schon Bände sprach und mir wahrscheinlich signalisieren sollte, dass ich mein sowieso schon hoffnungsloses Leben nicht auch noch mit solchen Fantastereien anreichern solle. Trotzdem hielt ich an eben diesem Weg fest und verwirklichte mein Ziel. Gut, ein Rockstar wurde bei weitem keiner aus mir und auch sonst blieben meine musikalischen Erfolge im bescheidenen Segment. Und trotzdem war ich zeitgleich sehr erfolgreich mit der Musik, denn diese gab mir Hoffnung und stärkte meinen Glauben an mich selbst. Ich verwirklichte Stück für Stück meinen Traum. Ich baute mir ein kleines Studio auf, spielte in diversen Bands und Projekten, lernte interessante, aber  auch weniger interessante Leute kennen und nahm einen ganzen Haufen Erinnerungen an Erlebnisse mit, die in dieser Art nicht ein jeder erlebt. Als ich dann, vor ein paar wenigen Jahren, mein Erspartes hernahm, um mich ganz stressfrei in ein Tonstudio zu sitzen und in Etwa ein halbes Jahr lang meine letzte CD aufnahm, welche dann in vielen Radiostationen weltweit gespielt wurde, war das der Zynith meines persönlichen Erfolges. Auch heute habe immer noch mit Musik zu tun, auch wenn die aktive Zeit des Selbst Spielens momentan vorbei ist. Und wenn es mich wieder juckt in den Fingern, mache ich wieder was.

Es erforderte schon eine persönliche Reife, dieses Buch zu schreiben. Genau so erforderte es die gehörige Portion Mut, denn ich lege hiermit mein Leben, oder besser gesagt, einen Teil davon offen, denn die meisten Leute in meinem Lebensumfeld kennen mich als ruhigen, etwas durchgeknallten Typen, der eine vernünftig positive Grundeinstellung hat. Es gibt nur wenige, die genaueres über mein Leben, genauer gesagt über meine Vergangenheit auch etwas wissen. Aber dennoch, ich stehe dazu und habe mittlerweile auch kein Problem mehr damit, offen zu meinem Leben zu stehen, denn immerhin bin ich heute in der Lage, meine Vergangenheit nicht mehr verstecken zu müssen und kann mit Fug und Recht auf mein Erreichtes stolz sein.

Ich habe, wie ein jeder Mensch, eine Geschichte zu erzählen, nur vielleicht mit dem kleinen Unterschied, dass meine Geschichte ziemlich turbulent und Facettenreich ist und ich bereit bin diese zu erzählen und dazu zu stehen. Und genau diese Gesichtspunkte waren mitausschlaggebend für den Buchtitel, "Nine Lives". Der Titel stand für mich ziemlich schnell fest, da er dieses schier endlose eigene Sterben, genauso wie das immer wieder neue aufleben und aufstehen meinerseits perfekt wiederspiegelte und verkörperte. Ich brauchte viele Jahre, um mich reif genug dazu zu fühlen, dieses Buch zu schreiben, vor allem wenn man bedenkt, dass ich einen Grossteil der vergangenen Jahre mit Rück- und Tiefschlägen, genauso wie grosser Depression und einem ewigen Scheitern zu tun hatte. Dennoch habe ich selten aufgegeben und kann mich heute einer guten Zufriedenheit glücklich schätzen. Und wenn ich heute von so etwas grossem wie Zufriedenheit sprechen kann, dann verdanke ich das der Tatsache, dass ich im Laufe der Jahre gelernt habe, meine Sichtweisen stets zu überdenken und zu hinterfragen. Darum habe ich mich auch nie wirklich einer politischen Bewegung, oder gar einem religiösen Glauben verschrieben, denn das Leben wäre mir zu kostbar um es mit einer einzigen Sichtweise zu durchlaufen. Darum fing ich an zu hinterfragen und auch mal, wenn nötig, einen Schritt zurück zu gehen, statt immer nur sturheil am ewig gestrigen festzuhalten.

Dennoch blieb ich immer irgendwie ein „Revolutser", so war zumindest die Bezeichnung für so Leute wie mich, welche gegen alles aufzubegehren schienen, in meiner Heimat. Ich eckte immer irgendwie und irgendwo an, wobei ich die Angelegenheit selten diplomatisch zu lösen vermochte und genau so selten meinen Mund halten konnte. Ich legte mich in früheren Jahren mit Gott und der Welt an, ohne mir gross Gedanken zu machen welche Konsequenzen das mit sich ziehen könnte. Des weiteren untermauerte ich mein Revolutser-Dasein in früheren Zeiten, mit dem dementsprechenden Äusseren, damit ja jeder meinen Unwillen und meine Unzufriedenheit schon von weitem sehen konnte. Das hat sich alles gelegt und sehr verändert, denn heute liebe ich die optische Unauffälligkeit und bin ein sehr überlegter Mensch geworden. Was sich aber nicht geändert hat, ist die Tatsache, dass ich weiter anecke und sicher nicht immer der angenehmste Zeitgenosse für viele Menschen bin. Heutzutage strecke ich der Welt sicher nicht mehr unbedacht den Mittelfinger entgegen - wieso auch, statt dessen musste ich aber erkennen, dass eine gewisse Ehrlichkeit, Offenheit und Weitsicht, auch nicht gerade gesellschaftskonform ist. Man mag es Gerechtigkeitswahn, oder wie auch immer nennen, es liegt in meinem Naturell so zu sein und ich werde mir die bereits erwähnten Eigenschaften hoffentlich stets behalten, denn ein plumpes nachschreien von irgendwelchen einfältigen Parolen und dieses "immer schön diplomatisch sein", also der andere Ausdruck für "schön die Klappe halten", so etwas widerspricht mir einfach. Daher bin ich sehr froh darüber, dass ich mir die Fähigkeit angeeignet habe, über den Tellerrand hinausblicken und mir meine eigene, durchdachte Meinung bilden zu können. Dass sich diese Eigenschaften oftmals sehr negativ auf das Zusammenleben mit meinen Mitmenschen auswirkte, zeigt ein Blick auf meinen Freundeskreis. Ich habe zwar einen sehr grossen Bekanntenkreis, aber mein wahrer Freundeskreis ist sehr dünn besiedelt, dafür kann ich aber die paar Wenigen auch richtige Freunde nennen. Für den Rest bin ich so eine Mischung aus sehr interessant, bis hin zu einem mehr oder minder unausstehlichen und zu anpassungsunfähigen Zeitgenossen. Aber ich kann damit mittlerweile ganz gut umgehen. Da ich meinen Grundsatz, niemand etwas schlechtes antun zu wollen, mittlerweile konsequent vertrete, kann ich mich mit reinem Gewissen von den Leuten fernhalten, welche in mir wahrscheinlich nur die Projektion ihres eigenen Lebensfrust sehen wollen. Im Gegensatz dazu bin ich um jeden wahren Freund in meinem Lebensumfeld glücklich und eben diese Menschen können sich meiner Freundschaft und Treue ebenfalls immer sicher sein. Daher an dieser Stelle einfach mal ein grosses Dankeschön an euch, schön dass es euch gibt.

Der Startschuss zum Beginnen dieses Buches, fiel, als vor einem altbekannten und immer wiederkehrenden Problem stand, nämlich einem unvorhersehbaren gesundheitlichen Problem. Denn immer wenn ich mich in einer Art existentieller Sicherheit wähnte, kam meist irgendetwas Unvorhersehbares auf mich zu, zumindest die letzten paar Jahre. Zugegeben, früher waren es vorhersehbare Probleme, welche meist hausgemacht waren und durch die eigene Dummheit ausgelöst wurden. Doch die letzten Jahre häuften sich Vorfälle, welche sich meiner Voraussicht entzogen. Zum einen hatte ich vor über drei Jahren, also mit 37, einen Schlaganfall, den ich zwar ohne grosse bleibende Schäden überstanden habe, der mich aber trotzdem aus heiterem Himmel traf und mir die Endlichkeit des Lebens verdeutlichte. Zum anderen überrumpelte mich vor geraumer Zeit ein dreifacher Bandscheibenvorfall in der Halswirbelsäule, ebenfalls wie aus heiterem Himmel. Gut, Bandscheibenvorfälle haben viele und ich werde das ebenfalls überleben, aber es bedeutete quasi mein berufliches Aus, da ich meine körperlich eher schwere Tätigkeit nicht mehr ausführen kann. Hinzu kommt, dass ich viele

14

meiner liebgewonnen Tätigkeiten, wie die Holzverarbeitung und viele andere, schwere handwerkliche Tätigkeiten nicht mehr ausführen kann. Es war ein richtiger Schlag ins Gesicht, welcher mir wieder einmal alle meine existentiellen Bemühungen in Frage stellte. Dennoch, auch wenn es paradox klingt, lebe ich trotz allem sehr zufrieden weiter. Ich lernte für mich, die Krise als Chance zu erkennen. In meinem ewig rastlosen Tatendrang hätte ich es mit Sicherheit vollkommen übersehen, mal inne zu halten, auf mich zu schauen und mir die Zeit zu nehmen auf mein Innerstes zu hören, welches mir vielleicht mal neue Wege aufzeigen möchte, oder mir vor Augen führen möchte, dass ich einfach mal tief durchatmen soll. Ich hatte diese Arbeitsstelle nun schon einige Jahre und ich liebte meinen Job, auch wenn er nicht gerade von hochgeistiger Natur war, aber die geistige Herausforderung hatte ich ja sowieso bei all meinen anderen, privaten Projekten. Und plötzlich war ich mit den harten Fakten, also dem Aus konfrontiert. Zwei Möglichkeiten sah ich gleich zu Beginn, als ich die Diagnose bekam: entweder ich übe mich in Selbstmitleid und warte darauf, dass sich wie von selbst eine Lösung findet, oder ich halte meine Gedanken rein, gestalte mir den Alltag so gut es geht positiv, bin trotzdem fleissig und kümmere mich um eine Lösung. Ich habe mich natürlich für letzteres entschieden, motivierte mich jeden Tag auf's Neue und nutzte auch diese Krise als Chance. Unter anderem sah ich nun den Zeitpunkt gekommen, endlich dieses Buch anzufangen. Nun hatte ich Zeit, musste notgedrungen die Notbremse ziehen und nutzte meine Bewegungsunfähigkeit dafür mein Buch zu schreiben. Es war dabei keineswegs mein Ziel die Literaturwelt aus den Angeln zu heben, genauso wenig wie ich damit den Start in eine Autorenkarriere beabsichtigte. Ich schrieb, weil ich es einfach wollte und es aus mir raus musste.

Wie bei allen anderen Sachen und Projekten, welche ich die letzten Jahre machte, wie zum Beispiel auch meine musikalischen Veröffentlichungen, stand bei mir immer die Notwendigkeit der eigenen Verwirklichung meiner Träume und Ziele im Vordergrund und nicht der Drang beklatscht und gefeiert zu werden. Darum mache ich was ich mache und verwirkliche was mir wichtig ist zu verwirklichen und das mit viel Spass und Freude an der Sache und am Ergebnis. Wenn ich irgendwann einmal den vielgerühmten Löffel abgebe, möchte ich mir selbst sagen können: ich habs gemacht, weil es für mich stimmig war.

# Es war einmal - die Kindheit

Betrachte ich meine Kindheit und Jugend aus heutiger Sicht, so zeichneten sich damals schon die zwei Extreme ab. Entweder ganz oder gar nicht, alles oder nichts. Einerseits sehe ich eine zufriedene Kindheit, anderseits das massive Gegenteil, mit vielem was mir in meiner Entwicklung abging, mit vielem dass ich gebraucht und mir ersehnt hätte. Einerseits sind diese schönen Kindheitserinnerungen, wo ich an sonnigen Tagen in meiner selbstgebauten Baumhütte saß und KISS-Kasetten hörte. Immer wieder die selben. Ja, ich studierte diese Musik förmlich und es gab mir einen Sinn im Leben und ein gutes Gefühl. Andererseits waren all die Jahre des Absturtzes, der Entbehrung, des extremen Wandels und meiner nicht gelebten, vielleicht normalen Entwicklung. Aber was war schon normal? Ich; und das wusste ich bereits früh; war alles andere als normal und Standard. Ich war ein Einzelkind und Eigenbrödler. Nein, nicht der Aussenseiter im herkömmlichen Sinne, aber ein Kind mit eigenen Welt- und Wertevorstellungen. Ich sah mich schon früh als „Selbsterzieher" an und denke bis heute, dass es das auf den Punkt trifft.

Ich war viel alleine, sicher auch bedingt dadurch dass ich ein Einzelkind war. Ich war an vielem intressiert und bastelte mir meine eigene Welt zurecht. Eine Welt voller interessanter Entdeckungen, einsamer Wünsche und Fantastereien, welche ich aber auch hartnäckig versuchte zu realisieren. Ich arbeitete mit Eifer an meinem „schlauen Buch", ja genau jenes, welches auch Tick, Trick und Track bei Donald Duck hatten. Ich las auch viel, nur nie ein Buch. Ich sog Comics auf, wie andere den täglichen Sauerstoff. Ich las die Taschenbücher unzählige Male hintereinander, was auch meine Fantasie ungemein beflügelte, leider aber auch in eine irreale Richtung. Denn, immer wenn mich wer fragte was ich denn später mal werden wollte wenn ich groß sei, antwortete ich mit vollster Überzeugung: Reich wie Dagobert Duck! Und ich meinte es auch so! Ich fing an Münzen zu sammeln, aber keineswegs auf einem Sparbuch, oder in sonstigen üblichen Sparformen. Nein, ich leerte meine Schubladen daheim aus und sammelte mit großer Konsequenz 1-Schilling-Münzen, in der Hoffnung nun Schublade für Schublade ausfüllen zu können, bis ich alles in meinen ersten Geldspeicher leeren konnte. Wohl unnötig zu erwähnen, dass diese (unzähligen) Vorhaben kläglich scheiterten, da mir erstens niemand mehr mein Geld in Schillingmünzen wechseln wollte und zweitens ein solches Vorhaben die Tatsache als Basis haben sollte, dass man viel Geld hat. Beide Probleme zwangen mich irgendwann zum Abbruch und dann auch zwangsweise zur Entleerung meiner dürftig gefüllten Schubladen.

Mein nächstes Vorhaben war nicht minder von Hartnäckigkeit geprägt und immer noch vom Gedanke geprägt reich zu sein. Früher wurde - so wie ich mich noch recht erinnern kann - durch die Feuerwehr, Altpapier gesammelt. Auf großen Wägen zogen sie durchs Dorf, sammelten das Altpapier zusammen und bekamen ein Geld vom Verwerter dafür. Es gab ein kleines Geld für die Tonne. Ohne die Vorstellung zu haben was und wieviel eine Tonne überhaupt ist, setzte ich mit größter Motivation mein Vorhaben in die Tat um und sammelte Altpapier. In Gedanken sah ich schon den Rubel rollen. Jede Zeitung, jedes Flugblatt, nichts dass meiner Sammelwut entging. Hartnäckig und ohne Zweifel an meinem Vorhaben, sammelte ich und sammelte ich. Ich hatte das Glück, dass in unserem Haushalt, neben der üblichen Tageszeitung, auch noch 4 Zeitschriften pro Woche gekauft wurden. Ich schleppte all diese alten Zeitungen und

Werbungen vom Keller hinauf, ordnete sie und machte Pakete mit Bindfaden. Nichts ahnend, dass der Verpackungsbindfaden eigentlich teurer war als das, was ich eigentlich für das Altpapier bekommen könnte. Aber gut, von diesen Relationen hatte ich als Kind natürlich noch keine Ahnung und: ich zahlte es ja nicht. Nichts und niemand konnte mich von meinem Vorhaben abbringen. Und so sammelten sich und stapelten sich die Altpapierpakete in meinem Zimmer. Zum Teil offen, zum Teil versteckt. Warum versteckt? Es bildete sich langsam Widerstand gegen meine Sammelwut. Da ich als Kind logischerweise doch noch dem elterlichen Kommando unterstand, wurde ich in meiner Rolle als angehender Neureicher jäh ausgebremst und das gesamte Altpapier wurde – unter lautem Protest meinerseits natürlich – entsorgt. Brauche wohl nicht zu erwähnen, dass ich auch keinen Groschen Geld sah. Aber vielleicht lag's auch daran, dass meine unzähligen Altpapierpakete noch weit weg von einer Tonne waren. Shit happens, aber an aufgeben dachte ich immer noch nicht und fand sobald ein neues Tätigkeitsfeld.

Mit gleichem Enthusiasmus ging ich ans Witzesammeln. Die gezeichneten 1-Bild-Witze aus den Zeitungen. Ausschlaggebend dafür war ein Mann, welcher im Fernsehen vorgestellt wurde, weil er die größte Witzesammlung der Welt besaß. Es waren zig tausende gesammelte Witze. Und ich dachte mir, was der kann, kann ich leicht! Gesagt, getan, Witze wurden ausgeschnitten und gesammelt. Das selbe Fiasko bahnte sich an wie mit den Zeitungen davor, nur war das Sammelvolumen an Papier deutlich weniger. Es wurde alles ausgeschnitten. Aus den Tageszeitungen, aus den Bildzeitungen, aus Magazinen, auch Pfarrblätter und Werbungen, alles wurde akribisch durchforstet auf Witze. Nachbarn und Freunde der Familie, Verwandte, überall wurde das Altpapier durchsucht. Und ich war schon etwas erfolgreicher. Dennoch ereilte mich das selbe Schicksal wie zuvor beim Altpapierprojekt: es wurde irgendwann zu viel und wurde unter lautstarkem Protest meinerseits entsorgt. Nicht unerwähnt bleiben sollte aber die Tatsache, dass ich immerhin auf 4200 gesammelte Bildwitze kam. Alles akribisch sortiert und aufbewahrt.

Auch weitere Sammelaktivitäten wurden meist jäh beendet durch Eingriff von Aussen. Meine Sammelwut hatte dann noch einige Kapitel, aber ich glaube das Sammeln toter Tiere war dann ein Schlusspunkt. Ich war einfach fasziniert von Skeletten. Dadurch ergab sich das Interesse tote Tiere, wie zB. Vögel und Mäuse, zu sammeln. Ich brachte sie heimlich in den offenen Unterbau unserer Terasse und hoffte auf schnelle Verwesung, da ich ja nur am Skelett interessiert war. Ich muss wohl kaum erwähnen, dass auch dieses Vorhaben keine Zukunft hatte, da verwesende Tiere nunmal keinen guten Geruch verbreiten und man sie dadurch auch schnell mal findet.

Zu meiner Sammelwut gesellte sich zudem ein enormer Drang zu erforschen und auch Dinge zu errichten und zu erschaffen. Zugegeben, eine Eigenschaft die ich in mein späteres Leben, bis zum heutigen Tag, mitgenommen habe. Ich fing an alles zu demontieren. Von Batterien, bis hin zu elektronischen Geräten. Und dabei machte ich auch nicht Halt vor dem Innenleben der Einzelteile. Ein Kondensator, wurde genauso wie ein Widerstand, oder ein Transistor, genaustens zerlegt. Meist mit enttäuschendem Ergebnis, da ich mir schon mehr vom Innenleben erhoffte, als ein Hartkunstoffteil, oder eine Flüssigkeit, welche übel roch. Aber dank meiner Unwissenheit und Unbedarftheit, scheute ich vor solchen giftigen Sachen nicht zurück; ich wollte es ja genau wissen. Im Gegensatz dazu, war mein Drang etwas zu erbauen

20

und zu erschaffen etwas mehr von Erfolg gekrönt. Hatte ich doch eine Baumhütte und später auch eine größere Holzhütte am Boden. An und in diesen Hütten verbrachte ich viel Zeit. Da ich doch das Glück hatte aus einer, sagen wir Handwerker- und Bauernfamilie im weiteren Sinne zu kommen und wir über Werkzeug aller Art verfügten, hatte ich hier freie Hand und konnte meinen Plänen auch Taten folgen lassen. So wurde gesägt, gehämmert und genagelt. Vor allem letzteres wurde so manch Baum und Gegenstand zum Verhängnis, denn ich habe alles zu und niedergenagelt. Das erklärt eventuell meine heutige Aversion gegen Nägel und warum ich dann zum Schraubentyp wurde. Aber das ist eine andere Geschichte.

Was ebenfalls eine große Leidenschaft von mir war, waren Comics aller Art. Ich liebte und las sie alle: Clever&Smart, Fix&Foxi, Lucky Luke, Asterix & Obelix und vor allem Donald Duck. Mein erstes richtiges Buch las ich mit ca. 19 Jahren und das war Schindlers Liste. Davor scheute ich jedes Buch, welches nicht auf Bildmaterial aufgebaut war. Nicht daß ich ein Leseproblem gehabt hätte, im Gegenteil, ich schrieb ja auch sehr viel als Kind, aber ich konnte mich durch die Comics in eine für mich ganz besondere Welt hineinversetzen. Diese Leidenschaft ging dann sogar so weit, daß ich schon recht früh begann selbst Comics zu zeichnen. Aber schon damals stand ich nicht so auf halbe Sachen und zeichnete nicht einfach einen kurzen 3-Bilder-Strip, sondern gleich ganze Hefte. Die Figur, die ich kreierte hieß Panci Panz. Wie ich auf den Namen kam, weiß ich nicht mehr, dennoch fand ich ihn passend zu der von mir erschaffenen Figur. Die Hefte waren in etwa einem damaligen Mickey Maus Heft ähnlich. Es waren mehrere Geschichten drin, ein Sammelposter, Aufkleber, Kreuzworträtsel und vieles mehr. Ich legte mich richtig ins Zeug dafür und muss wohl nicht erwähnen, was nur ein

Heft für eine riesen Arbeit war. Da es damals keine Computer gab und kopieren mit einem Kopiergerät ebenfalls unerschwinglich teuer war, musste ich meine Kopien von den Heften selbst anfertigen, also jede Kopie eines Heftes händisch nachzeichnen, falten und klammern. Die Hefte fanden reges Interesse bei meinen Klassenkammeraden und manch einer lachte sich krumm und dämlich über die Abenteuer von Panci Panz. Natürlich kam auch die Aufmachung der Hefte im Gesamten gut an, aber ich musste es eines Tages einstellen, da die Arbeit des Zeichnens und dem Kopieren der Hefte, ein Ausmaß annahm, welches für mich, neben der Schule und all meinen anderen Interessen, nicht mehr zu bewältigen war. In meinem späteren Leben versuchte ich mich immer wieder daran, Comics zu zeichnen, aber ich bekam nie wieder diesen Eifer, wie ich ihn als Kind hatte und so kam nie mehr ein ganzes Comikheft zusammen. Aber eines blieb mir damals wie heute: die Leidenschaft an den Comics, vor allem an den Donald Duck Heften und Taschenbüchern, welche ich heute noch unheimlich gerne lese. Und dazu stehe ich.

Was aber den größten Teil meiner Kindheit, meiner Jugend, ja und auch meines gesamten Lebens dann schlussendlich ausmachte, war die Musik! Ich fand mich in frühester Kindheit in der Musik verankert. Dabei war mein Musikgeschmack alles andere als konform mit dem meiner Mitschüler und Freunde. Meine Leidenschaft flammte auf, als ich das erste mal von der Band KISS etwas sah und hörte. Ich war 6 Jahre alt und fand in meiner Baumhütte eine Bleistiftzeichnung von Gene Simmons, seines Zeichens Bassist eben besagter Gruppe. Ich war fasziniert und intressiert. Ich hatte vorerst keine Ahnung wer mir dieses Stück Papier in meine Baumhütte legte, aber es interessierte mich zuerst auch gar nicht. Denn die Faszination die in diesem Augenblick auf mich über ging, war unbeschreiblich. Ich verbrachte Tag für Tag damit, diese Zeichnung nachzuzeichnen und mir Gedanken zu machen, was wohl hinter dieser Maske steckt. Schnell stellte sich auch heraus, dass mein Nachbar, welcher um ein paar wenige Jahre älter war als ich, mir diese Zeichnung reinlegte. Auch eben dieser Nachbar erklärte mir dann auch, dass es sich da um einen Musiker von einer Band namens KISS handelte. Mein Interesse wuchs ins Unermessliche und ich richtete schon meinen gesamten Alltag auf die Suche nach mehr Informationen über diese Band aus. Und wie es der Zufall wollte, sah ich ein weiteres Bild in der Zeitschrift BRAVO. Ohne je einen Ton gehört zu haben, wusste ich dass sich mir hier eine Welt von unermesslicher Größe auftat. Als ich die Band dann kurze Zeit später sogar noch im Fernsehen sah, wars um mich geschehen. Mit einem Schlag wurde es Religion und Lebenssinn zugleich. Endlich hatte ich etwas, das mir keiner mehr nehmen konnte und bei dem ich das Gefühl hatte, dass das nun ausschliesslich für mich da ist. Es entwickelte sich fast schon zum Fanatismus. Es gab mir einen Lebensweg und sowas wie Hoffnung. Egal was man mir an materiellem wegnehmen wollte, DAS war nun immer da, weil es in meinem Herzen abgespeichert war. Und egal, was es für Probleme mit sich brachte, ich stand dazu. Natürlich wurde ich von den älteren Mitschülern verkloppt dafür, natürlich gab es Probleme mit den Lehrkräften an meiner Schule, denn ihre Autorität und ihr Wissen wurde vollkommen in Frage gestellt. Mein Äusseres wurde auch ziemlich schnell der neuen Religion angepasst. Meine Haare ließ ich wachsen, so gut es halt ging. Jeansjacke mit KISS-Aufnähern, ausgeschnittene Bilder meiner Helden, welche ich mit UHU auf den Pullover klebte, ersetzten die nicht vorhandenen originalen, gekauften Pullis mit dem KISS-Aufdruck. Alles in Allem war mein Erscheinungsbild zwar noch irgendwie dem Alter entsprechend im Rahmen, aber ich versuchte alles meinen Rocker-Heroen nachzueifern.

Aber es kam noch besser. Eine weite, große Welt tat sich vor meinen Augen und Ohren auf. Ich entdeckte Bands wie AC/DC, Black Sabbath, Ozzy, und sehr viele mehr. Meine Welt war perfekt und sie zog mich immer weiter in ihren Bann. Und in eben jener Zeit fasste ich den Entschluss ebenfalls Musiker werden zu wollen. Eine Entscheidung, die sich durch mein Leben zog und mir neben viel tollen Erfahrungen, leider auch viel negatives einbrachte. Aber dazu später mehr.

Während fast meine gesamten Schulkollegen sich im Fussball bemühten, Ministranten wurden, oder schon von klein auf in die Vereine des Dorfes hineinwuchsen, befasste ich mich mit Musik. Mein Glück war, dass zuhause eine alte, ungenutzte akustische Gitarre rum lag, welche ich mehr und mehr in Beschlag nahm. Ich befasste mich ganz allein mit dem Instrument und hatte niemanden der mir die Gitarre mal von Grund auf erklären konnte, oder gar etwas darauf zeigen konnte. So wusste ich auch leider nicht, dass man so eine Gitarre erst stimmen musste. Das tat aber meinem Tatendrang keinen Abbruch und so lernte ich es mir selbst, dem Sechssaiter Töne zu entlocken. Ich spielte zu meinen paar wenigen Schallplatten, oder Musikkasetten dazu, oder versuchte eigene Ideen auf der Gitarre aus. Nach einiger Zeit hatte ich ein kleines, aber feines Repertoeur drauf und war stolz auf meine bescheidene Fingerakrobatik am Saiteninstrument. Doch auch diese Freude hielt nicht lange. Mein Onkel kam eines Tages und erklärte mir, dass man die Gitarre stimmen müsse. Gesagt, getan und weg war mein erlerntes Liedgut. Dass die verstimmte Gitarre die Grundlage für mein musisches Schaffen war, konnte weder mein Onkel wissen, noch war es mir wirklich bewusst. Und nun hieß es: alles wieder von vorne. Aber immerhin mit dem Wissen, dass man mit einer richtigen Stimmung den Ursprung auch immer wieder finden würde in Zukunft.

Die wohl schönsten Weihnachten und das wohl schönste Geschenk meines Lebens bahnten sich an. Normalerweise wusste ich meist im vorhinein was ich zu diesen Festivitäten geschenkt bekam, da ich mit meiner Mutter immer davor in den Ort der größten Glückseeligkeit gehen durfte: den Schallplattenladen! Da durfte ich mir dann mein Geschenk selbst aussuchen und bekam es dann eben zu Weihnachten, oder zu Ostern überreicht. Wohl unnötig zu erwähnen, dass ich mein Geschenk, also meine Platten, meist vorher schon bekam, denn meine Überzeugungskraft, oder besser gesagt, mein nerviges Wesen, trieb meine Mutter gerne mal dazu mir die Platten schon vorher zu geben. Dafür bekam ich dann halt an den besagten Feiertagen nichts mehr, aber das war mir komplett egal, hauptsache meine Iron Maiden, Ozzy, oder KISS-Platten waren schon auf meinem Plattenteller. Aber dann kam dieses besagte Weihnachten und mein größter Wunsch war eine Elektrogitarre. Ein Traum, der weit weg und fast unerfüllbar schien. Ich wollte es mehr als alles andere auf der Welt. Eine E-Gitarre, die Krach machte, laut war, quietschte und röhrte. Nichts wünschte ich mir mehr als das. An besagtem Weihnachtsabend war alles so wie sonst. Es gab ein tolles Essen, die Stimmung war fein und ausgelassen und danach bewegten wir uns alle in Richtung Wohnzimmer, dort wo der Christbaum stand und die Bescherung lag. Und ja, ich bekam meine Platte; ich glaube zu diesem Weihnachten war es Mötley Crüe mit „Too fast for love". Ich hatte alles und war glücklich. Doch meine Mutter machte mich darauf aufmerksam dass hinter dem Baum noch etwas stehen würde für mich. Ich entdeckte ein etwa mittelgroßes Packerl und traute meinen Augen nicht: es war ein Gitarrenverstärker! Rein von der Logik her, hätte ich mit dem Teil damals absolut nichts anfangen können, aber für mich ging eine Welt auf. Den Gitarrenverstärker hatte ich schon mal; Weltruhm, ich komme! Ich war so glücklich mit dem kleinen Verstärker, dass ich die Welt um mich vergaß. Auch merkte ich nicht, dass meine Mutter einen schwarzen, langen Koffer hinter mir abstellte. Und in eben jenem Koffer war sie dann drin: meine erste E-Gitarre. Sie war schwarz, mit weissem Pickguard. Ein Fender Stratokaster-Nachbau. Ich erinnere mich, wie die Stimmwirbel aus Chrom das Licht brachen und spiegelten. Der Hochglanzlack auf dem Holz war wie ein Spiegel und den Geruch des Koffers, der mit blauem Samt ausgefüttert war, den  werde ich mein ganzes Leben nie vergessen. Und ein Kabel war dabei, dadurch konnte ich gleich losstarten. Nebenbei sollte nicht unerwähnt bleiben, dass wenn man noch nie eine E-Gitarre mit dünnen Stahlsaiten gespielt hat - vor allem mit zarten Kinderfingern – die Finger schnell mal zu bluten anfangen wenn man mit dem Spielen übertreibt, da sich die dünnen Saiten wie kleine, scharfe Messer in die ungeübten Finger reinschneiden. Und ja, ich habe übertrieben. Und ja, ich habe geblutet. Aber all das war mir egal, denn mein Traum lag in meinen Händen. Normalerweise musste ich nach der Bescherung immer mit zur Christmette gehen. Nicht an diesem Abend, denn jeder sah mir die Freude und den Eifer an und jeder wusste, dass ich dieses Instrument von fort an nicht mehr aus den Händen geben werde, schon gar nicht an diesem Abend. Als dann die Schlafenszeit kam, nahm ich meine Gitarre mit in mein Zimmer. Ich konnte kaum einschlafen, da ich sie immer und immer wieder betrachten musste. Und es kreisten immer wieder die zwei Gedankenabfolgen durch meinen Kopf: lasse ich den Kofferdeckel zu, dann verstaubt die Gitarre nicht, aber ich sehe sie auch nicht; lass ich ihn offen, so sehe ich die Gitarre zwar, aber das edle Teil wird vom Staub malträtiert. Ein Teufelskreis. Und so beschloss ich kurzerhand, meine neue Gitarre mit ins Bett zu nehmen. Den Koffer ließ ich auf, um diesen Duft des Gitarrenkoffers riechen zu können und die Gitarre lag bei mir im Bett. Problem gelöst. Aus heutiger Sicht tat es schon elendig weh, wenn mir die abgezwickten Saitenenden beim Schlafen überall reinstachen, aber was solls, ich war glücklich und nur das zählte damals. Diese Gitarre begleitete mich übrigens die darauffolgenden Jahre, aber auf Grund meiner späteren Drogensucht verkaufte ich eines Tages diese Gitarre und sie ging durch unzählige Hände. Interessanterweise fand das Instrument aber eines Tages, auf irrstem Umwege und ganz unverhofft, wieder den Weg zu mir. Aber das ist eine andere Geschichte und dazu später.

Musik wurde zu meinem Ein und Alles, nichts interessierte und beschäftigte mich mehr. Ich wog alles mit Musik auf und fand meine Zuflucht in ihr. Während fast alle meiner Klassenkammeraden Fußball spielten, sich mit Sport aller Art beschäftigten und sich in Vereinen und der Kirche engagierten, lebte und erlebte ich meine eigene Welt immer intensiver. Ich versuchte mich zwar auch im Sport und versuchte mich ebenso in das gesellschaftliche Rundherum einzubringen in dem ich beispielsweise auch zu den Ministranten ging, aber all das scheiterte kläglich, bevor es überhaupt so richtig anfing. Ich spielte Fußball beim hiesigen Verein, bei den Miniknaben. Aus heutiger Sicht betrachtet, war es nur ein verzweifelter Versuch, auch mal irgendwo dabei zu sein, denn mich interessierte Fußball und Sport im Allgemeinen in keinster Weise. Dennoch ging ich mit meinen Klassenkameraden mal mit zum Fußballtraining, natürlich mit der Absicht dort auch aufgenommen zu werden. Ich durfte auch gleich zu Beginn mittrainieren, aber natürlich nur abseits des Feldes und dort hieß es, Trockenübungen machen. Neben diesem stinklangweiligen Trockentraining, gab es schreiende Motivationsrufe des Trainers, der nebenbei erwähnt der Vater eines Klassenkollegen war. Dieses System hatte ich gleich mal durchschaut und es hatte einfach keine Wirkung auf mich. Also stand ich da auf diesem Spielfeld und musste als einziger Trockenübungen machen, welche mich absolut Null interessierten. Des weiteren durfte ich mir dieses ewige, plumpe Anfeuern anhören, welches mich alles andere als motivierte und musste dabei auch noch den anderen beim Spielen zusehen. Ich bekam aber die Aussicht, wenn ich mich gut halte, dass ich dann natürlich auch mal auf das Spielfeld dürfe. Mein Interesse war sehr bescheiden an dieser Sportart, dennoch war ich wenigstens mal unter Gleichaltrigen und in einer Gruppe. Ich spielte dieses Spiel eine Zeit lang mit, aber mein Desinteresse und mein Frust wurden immer grösser. Und daher war ich auch nicht gerade unglücklich ob der Tatsache, daß mich in eben jener Zeit dann ein Hund biss und ich viele Wochen nicht mehr ins Training konnte. Obwohl der Hund ziemlich arg zugebissen hat und es nicht gerade fein war, als man sogar einen seiner Zähne aus mir rausoperieren musste, spürte ich trotzdem eine sehr große Erleichterung, daß sich das Thema Fußball somit erledigt hatte. Ich war nach meiner Genesung noch genau ein mal beim Training, aber ich war leistungsmäßig so weit hinten, daß es eine sehr lange Zeit gebraucht hätte, um nur ansatzweise daran denken zu können, irgendwann auch mal ein Spiel mitzuspielen dürfen. Aber gut, dieses Thema war vom Tisch, endlich. Eine wichtige Erkenntnis nahm ich dennoch aus dieser Zeit mit, ich erkannte nämlich, daß ich alles andere als ein Teamplayer bin und eher dafür geschaffen war, mein eigenes Ding durchzuziehen. Irgendeine Spielfeldnummer zu sein, das war mir dann doch zu wenig.

Genauso schnell war meine Karriere bei den Ministranten vorbei. Es eröffnete sich die Möglichkeit durch die Schule, dass man den Ministranten beitreten könne, was auch den netten Nebeneffekt hatte, daß man für die Zeit, in der man ministrierte, auch von der Schule befreit war, zumindest für die eine Stunde der Morgenmesse. Daher waren für mich schon mal einige Motivationsgründe gegeben: einer Gemeinschaft beizutreten und eine Art Extrawurst zu bekommen was die Schulzeiten anbelangte. Nicht daß ich ein Problem mit der Schule hatte, im Gegenteil, da ich eigentlich auch ein recht guter Schüler war, aber ich liebte damals schon die Sonderregelungen, wenn sie mich betrafen. Und so kam ich, gemeinsam mit ein paar Schulfreunden zu den Ministranten. Zuerst war diese Einschulung und diese regelmäßigen Treffen, meist Nachmittags. Wir lernten, wie wir was zu tun hätten während einer Messe, ein paar Gottes-Dinge natürlich auch, aber es gab auch gemeinsame Aktivitäten. Meine Zeit in dieser Gemeinschaft war aber wie erwähnt, auch nur von kurzer Dauer. Denn mein Hang zur Heavy Metal Musik und mein KISS-Fanatismus, ließen sich nicht wirklich mit dem Wort Gottes, oder besser gesagt, mit der Sympathie des Ministrantenführers vereinbaren. Irgendwie schien ich ihm ein richtiger Dorn im Auge zu sein, obwohl ich meinen Job als Ministrant eigentlich sehr gut machte. Aber solche Musik zu hören und das auch noch offen zu zeigen, wie ich es mit Überzeugung machte, missfielen ihm dann doch so sehr, daß er mich kurzerhand eines Nachmittags aus der Gruppe warf. Seine Begründung war sehr fadenscheinig, denn er hätte es wohl nie zugegeben, daß es wegen seiner Abneigung meiner Musik gegenüber war, daher erfand er irgendeinen Grund. Als ihn meine Mutter darauf hin zur Rede stellte, revidierte er seine Entscheidung natürlich und behauptete, nichts von einem Rausschmiss zu wissen, aber er war nicht sehr glaubhaft. Kurzum: auch in diesem Verein fand ich keinen Platz. Um meinem Unmut darüber noch Luft zu verschaffen, schmiss ich ihm noch die Fensterscheiben ein und somit war auch dieses Thema für mich vom Tisch und erledigt. Was ich mich erinnere, war es überhaupt das erste mal, wo ich meinem Unmut mit so etwas richtig freien Lauf ließ. Es gab auch nie eine Konsequenz dafür, denn ich glaube, er wusste genau, daß er im Unrecht war, daher wurde die Sache mit den Fensterscheiben auch nie angesprochen.

Einen weiteren Versuch, so etwas wie Gemeinschaft zu finden, unternahm ich dann später noch bei den Pfadfindern, aber da war ich schneller wieder weg, wie ich dachte. So einen derben Haufen hatte ich bis Dato noch nie erlebt. Nein, nicht die Pfadfinder als Bewegung an sich, sondern der Großteil an Leuten, welche darunter waren. Ich glaubte zwar zu dieser Zeit auch schon sprachlich und mental derb zu sein, aber die waren mir da bei weitem voraus. Was ich da, in dieser kurzen Zeit an Schimpfwörtern und Gesten lernte, übertraf meine kühnsten Vorstellungen. Aber das war nicht der eigentliche Grund, daß ich nicht beigetreten bin. Es war wieder dieses Unterordnen und Dienen. Ich konnte schon als Kind nichts mit diesen Hierarchien anfangen, ich hatte richtige Probleme damit. Eine Eigenschaft die mich lange begleitete und mich auch vor dem Heeresdienst in späterer Folge bewahren sollte.

Somit musste ich einsehen, daß aussermusikalische Aktivitäten, vor allem wenn sie sich in Gemeinschaften abspielten, nichts für mich waren. Und so hatte ich wieder nur die Musik und mich selbst, aber ich konnte mich gut damit arrangieren, auch wenn sich aus heutiger Sicht, sicher schon damals so etwas wie die ersten Anzeichen einer Depression bemerkbar machten. Und so erschuf ich mir Schritt für Schritt meine eigene Welt. Eine Welt voller Eigenheiten, voller Interessen an allem Möglichen und viel Musik. Über letzteres Thema sammelte ich sehr viel Wissen. Ich wusste genau, wer in welcher Band spielte, wer welche Alben rausbrachte und kannte Bands, die jemand in meinem Alter in den seltensten Fällen  kannte. Ich sammelte alles was mit meinen Lieblingsbands zu tun hatte und sortierte es penibel. Mein Taschengeld ging nur in die Musik rein. Ich kaufte mir, wann immer es ging, Musikzeitschriften, vor allem BRAVO und Pop Rocky. Gut, es gab nichts anderes zu dieser Zeit und es waren doch hin und wieder irgendwelche kleinen Artikel über Heavy Metal Bands drin, zwar selten, aber immerhin. Und dann entdeckte ich sie eines Tages: eine Zeitschrift, nur über Heavy Metal und Hardrock! Ich konnte es nicht fassen. Es war 1986 und die Zeitschrift hieß CRASH. Ich kann mich deshalb so gut erinnern, weil ich diese und all die folgenden Ausgaben, über Jahre hinweg kaufte und sammelte. Ich nahm von jedem meiner Schulbücher und Hefte die Klarsichtumschläge weg und legte sie um meine Metal-Zeitschriften, da war ich äußerst penibel und kleinlich! Natürlich gab es oft Ärger, da meine Schulunterlagen bei weitem nicht so sauber und sorgfältig behandelt wurden und regelmäßig deren Umschläge verschwanden, aber das war mir egal, hauptsache ich hatte meine Zeitschriften ordentlich zusammen. Nicht eine Ecke war umgeknickt, nicht eine Seite rausgerissen und nicht eine Klammer verbogen, denn sie waren mein Heiliger Grahl. Auch waren dann später ab und zu Schallfolien drin und ich war somit auch immer über das Neueste aus meiner Musikrichtung informiert. Ein weiteres, wichtiges Medium war das Radio. Unglaublich wie viele Stunden ich vor dem Äther hing. Immer eine leere Kasette im Rekorder, denn es hätte ja sein können, daß mal irgendein Hardrock-Song kommen hätte können, den ich dann sofort aufnahm. Ich hörte meist Schweizer Radio, da kamen früher schon ab und zu, zwar auch selten, aber immerhin, Songs nach meinem Geschmack. Das selbe Spiel veranstaltete ich auch vor dem Fernseher, es stand immer ein Kasettenrekorder in Reichweite, denn, wenn mal was kam, war ich gerüstet und nahm es auf. Gut, damals gab es kein Internet und somit musste man dahinter bleiben, wenn man zu seiner Musik kommen wollte. Schallplatten waren ja auch sehr teuer.

Und ich spielte auch sehr viel auf meiner E-Gitarre. Hauptsache laut und heftig. Mit dem regulären Üben hatte ich es nicht so, aber es war auch niemand da, der es mir gezeigt hätte wie man richtig auf diesem Instrument spielt. Mein einziges Gitarrenbuch war Peter Bursch's Gitarrenbuch, ansonsten hieß es learning by doing. Und so lernte ich mir einfach meinen eigenen Stil an, aufgebaut aus der gehörigen Portion Interesse, gepaart mit ein paar vagen Ideen und dem einen, wahren Ziel vor Augen, irgendwann dieses Instrument auch wirklich spielen zu können. Da mir das Nachspielen von Liedern auch nicht so wirklich lag, schrieb ich kurzerhand meine eigenen Songs. Ob es nun einfach kurze Melodiestücke, oder gleich ganze Songs waren, hauptsache Eigenmaterial. Es gab auch einmal im Musikunterricht in der Hauptschule ein Vorsingen. Jeder musste ein mal vor der ganzen Klasse ein Musikstück zum besten geben, vorzugsweise gesungen. Ich nahm meine Gitarre und meinen Verstärker mit und war allein dadurch schon die Show schlechthin. Als Titel hatte ich von AC/DC "There's gonna be some rocking" ausgewählt. Irgendwann war ich an der Reihe und musste erst mal mein Equipement aufbauen, allein das sorgte schon für staunende Blicke. Als ich dann mit meiner verzerrten Gitarreneinstellung zu spielen und zu singen begann, war große Begeisterung zu spüren, es gab sogar Applause und einen Einser als Benotung noch obendrauf. Einer meiner wenigen tollen Erlebnisse mit meiner Musik zu dieser Zeit.

Nun war die Zeit für meine erste Band nicht mehr weit. Ich hatte alles was ich brauchte, eine E-Gitarre, einen Verstärker mit Verzerrung und eine Menge an großen Vorstellungen. So wurde die erste Band gegründet, names "United Condoms". Wir waren zu dritt. Einer hatte einen Partyraum mit einem Schlagzeug, der andere war mein damaliger bester Kumpel, der aber noch kein Instrument hatte, geschweige denn spielen konnte. Und der Dritte im Bunde war ich und somit auch der einzige der ein Instrument bis Dato spielte. Wir tauschten unsere Vorstellungen aus und waren der vollsten Überzeugung die nächsten Superstars zu sein. Dass wir mit dieser Band eigentlich nur Mädchen aufreißen wollten und nie auch nur einen Ton spielen würden, war uns zu dieser Zeit noch nicht so bewusst. Es reichte ja schon, dass wir überhaupt eine Band hatten, wenn auch nur fiktiv, das reichte schon um bei den Mädchen gut anzukommen. Leider war nur einer unter uns, der wirklich Kapital aus der Sache zu schlagen vermochte und somit alle Mädchen ab bekam, ich war leider nicht der jenige. Und somit war das Kapitel United Condoms auch bald wieder Geschichte. Es dauerte aber nicht lange und ich gründete, zusammen mit meinem besten Kumpel, meine allererste, richtige Band. Die Rollen waren schnell aufgeteilt, ich war an der Gitarre und am Mikro und mein Kumpel entschied sich für den Bass. Er hatte zwar noch keinen und hatte auch noch nie so einen in der Hand, aber wir organisierten einen und somit wurde er zum Bassisten. Wir waren voller Motivation und Tatendrang, nur fehlte uns noch ein Schlagzeuger. Wir entschieden uns für einen Kumpel, der immer mit uns abhing zu dieser Zeit. Wir teilten ihm lapidar mit: "Du bist nun unser Schlagzeuger!". Widerrede duldeten wir keine und somit waren wir komplett. Ein günstiges Schlagzeug war auch schnell besorgt, die Kosten dafür überließen wir aber ihm, denn schließlich waren wir die Masterminds und gaben ihm die Chance seines Lebens; laut unserer damaligen Gedankenwelt zumindest. Das Schlagzeug war im Grunde genommen alles andere als brauchbar. Die Felle waren zum Teil mit Isolierband daraufgeklebt, die Bassdrum rollte unterm Spielen immer davon und wie die ganzen Ständer und Befestigungen überhaupt gehalten hatten, ist mir heute noch ein Rätsel. Rost, Klebeband und viele andere, teils fast schon gefährliche Konstruktionen, hielten das Teil mehr oder minder zusammen. Hauptsache es machte richtig Krawall und Lärm. Den Proberaum, der bis kurz davor noch der Kohlenkeller war, hatten wir bei mir zuhause. Der Raum war ein paar ganz wenige qm² groß und war schon mehr als überfüllt, wenn wir drei nur drin standen. Rechnet man das Schlagzeug und die Instrumente hinzu, war es schon ein kleines Kunstwerk überhaupt hinein zu kommen. Aber es ging und wir luden auch noch Leute ein, denn irgendwie ging es immer. Wir probten wie besessen, sofern man es proben nennen konnte, denn es war mehr ein organisieren des Lärms. Ich und mein Kumpel am Bass hatten beide 10 Watt Verstärker, welche vom Schlagzeug natürlich heillos übertönt wurden. Das Gesangsmikro schlossen wir wahlweise an einem unserer beiden Verstärker an, über die schon entweder der Bass, oder die Gitarre liefen. Der gesamte Sound bestand aus einem einzigen, undefinierbaren Schalldurcheinander, welches mit viel Pfeiffen und Rückkoppeln der meist heillos überforderten Miniverstärker überlagert wurde. Da unsere Musik alles andere als Gesellschaftskonform war, regte sich auch langsam Widerstand aus der Nachbarschaft. Zu laut, zu hart, zuviel Geschreie und überhaupt könne man so etwas nicht Musik nennen. Wir mussten uns dem Druck beugen und machten uns Gedanken über Schallisolierung, somit machten wir auch genau die selben Fehler, wie fast alle anderen zu der Zeit: wir organisierten Unmengen an Eierkartons, dazu einen wiederlich klebenden Bodenkleber - einer dieser Sorte, dessen Kleberückstände du nach Wochen noch nicht von den Fingern bekommen hast - und pappten den gesamten Proberaum mit Eierkartons zu. Im festen Glauben daran, daß wir unsere Schuldigkeit getan hatten, ging unser Vorhaben "Lärm für die Welt" munter weiter. Unnötig zu erwähnen, daß die Nachbarn sich weiter aufregten, da so eine Ausstattung mit Eierkartons so rein gar nichts bringt in Punkto Schallisolierung, aber das war uns nun so ziemlich egal. Alles wurde auf Anschlag gedreht und es wurde gespielt und geschrien, als ob es um's nackte Überleben ginge. Eines Tages jedoch, besorgte ich mir meinen ersten, richtig großen Gitarrenverstärker: einen MARSHALL JCM, mit unendlich leistungsvollem Verstärkerteil und einer zusätzlichen Lautsprecherbox, welche groß genug dimensioniert war, um einen kleinen Saal zu beschallen. Zudem war das Teil noch technisch auffrisiert und lieferte einiges mehr an WATT, wie es original gedacht gewesen wäre. Und der Amp war groß, sehr groß sogar, was schon von Anfang an eine gewisse Problematik in sich barg: wie bekommen wir diesen großen Verstärker in unseren Mini-Proberaum? Um es vorweg zu nehmen, es ging. Auch die Lautstärkeverhältnisse wurden nicht besser, im Gegenteil, es war ein noch größeres Disaster als zuvor. Nun war ich der jenige, der alles übertönte, denn das Teil war derart laut, daß man sogar vom Schlagzeug fast nichts mehr hörte. Dadurch war nun auch mein Kumpel am Bass gezwungen, sich etwas leistungsfähigeres und lauteres anzuschaffen. Gesagt, getan und er besorgte sich einen Bassverstärker, der mit meinem riesen MARSHALL mithalten konnte. Diese Kombination ließ den Schallpegel in unserem Proberaum ins Unermessliche steigen und zauberte uns einen Grinser ins Gesicht. Ein Problem blieb jedoch, nun hörten wir nämlich von unserem Schlagzeuger gar nichts mehr. Felle, welche mit Isolierband auf die Kessel geklebt waren und Becken, welche schon so eingerissen waren, daß vom ursprünglich gedachten Klang so rein gar nichts mehr vorhanden war, machten aus dem Drum ein leises Etwas, welches unseren Zwecken nun nicht mehr genügte. Da ich und mein Kumpel am Bass die Bandleader waren, zwangen wir unseren Schlagzeuger förmlich, sich ein neues Set anzuschaffen. Wir duldeten keine Widerrede und setzten unseren Willen mit ziemlicher Beharrlichkeit durch, bis zu dem Tag, als er sich dann von seiner Mutter Geld auslieh und sich ein teures und großes Schlagzeug kaufte. Und dann kam dieser Tag, als wir beide im Proberaum saßen und er mit seiner Mutter das besagte neue Schlagzeug brachte. Da wir ja die Masterminds waren, fiel es uns nicht mal im Traum ein, ihnen beim Ausladen zu helfen. Und so standen wir daneben, wie kleine Chefs und beobachteten das Treiben und mischten uns hin und wieder im Befehlston ein, daß sie Teile des Drums so oder anders aufstellen sollen. Die Mutter, welche das neue Schlagzeug mit ihrem Auto anlieferte, war natürlich dementsprechend sauer auf uns, aber das war uns egal, denn schließlich fühlten wir uns als Chefs und im Recht. Und nun war es hier, das neue Schlagzeug. Es war schneeweiß, riesengroß und höllisch laut. Unser Drumer baute sein Schlagzeug noch schnell auf, musste danach aber gleich mal wieder weg. Er liess es sich aber nicht nehmen, uns noch eindringlich zu ermahnen, dass ja niemand von uns auf dem neuen Drum spielen dürfe, was wir jedoch dezent überhörten und uns gleich nach dem er gegangen war,  hinter die neue Schiessbude sassen und die Neuheit gleich dem ersten Härtetest unterzogen. Wir waren mal sehr zufrieden mit "unserem" neuen Schlagzeug. Im Gegensatz zu unserem Drumer, der doch eine etwas grössere Summe

Geld ausleihen musste, ums sich das neue Instrument zu kaufen. An eben jenem besagten Tag, kehrte er jedoch nochmals unerwartet zurück zum Proberaum, da er uns wohl doch nicht so ganz über den Weg traute. Dass er Recht behalten sollte, zeigte die Tatsache, dass wir froh und munter auf seine neue Anschaffung eindroschen. Wir hatten unseren Proberaum im Keller, auf Bodenhöhe war ein kleines Kellerfenster und dort kniete er plötzlich und schaute argwöhnisch unserem Treiben zu. Wir gingen ja auch nicht gerade zimperlich damit um. Entdeckt und aufgeschreckt, kamen wir aus der Sache nicht mehr wirklich raus und beschlossen kurzerhand, das Fenster vor seinen Augen mit Schaumstoff zu verschließen. Des weiteren schlossen wir den Proberaum ab, somit war zumindest für uns das Thema erledigt und wir spielten frisch und fröhlich weiter, während er draußen, wie ein Irrer ans Fenster klopfte. In der darauf folgenden Zeit, war uns sehr wohl bewusst, daß es Ärger diesbezüglich geben würde, um diesem aus dem Wege zu gehen, beschlossen wir, daß wir ihn gar nicht mehr reinlassen würden. So ersparten wir uns Grundsatzdiskussionen und Schuldeingeständnisse. Genau genommen waren wir schon ein teuflisches Duo, gemein in unserem Denken und niederträchtig in unserem Handeln. Wir waren sprichwörtlich abseits von Gut und Böse und lebten das auch genussvoll und in vollster Überzeugung aus. Aber aus damaliger Sicht war alles im Lot, denn wir hatten neue Verstärker und ein neues Schlagzeug, somit war alles in bester Ordnung für uns. Nur eines stimmte uns nicht mehr so ganz froh: wir brauchten einen neuen Schlagzeuger, denn wir waren  davor schon mehr als unzufrieden mit seiner Spielleistung. Und so machten wir uns auf die Suche nach einem neuen Drumer. Schon lange bevor er sich das neue Schlagzeug kaufte, hatten wir unsere Bedenken mit ihm. Allein unser erstes Konzert, endete fast im Fiasko, da er sich davor drücken wollte. Wir spielten unseren allerersten Gig in einem mehr als zweifelhaften Gasthaus. Zweifelhaft insofern, da diese Location dafür bekannt war, daß sich die Gäste aus der Creme de la Creme der hießigen Drogenszene zusammensetzte. Aber uns war das egal, denn wir waren überglücklich, endlich eine Auftrittsmöglichkeit zu haben. Es war ein, zwei Stunden vor Konzertbeginn und wir waren bereits in besagter Location, aber einer fehlte noch: unser Drumer. Nachdem die Zeit bis zum Auftritt immer kürzer wurde, beschlossen wir zu ihm nach Hause zu fahren. Dort angekommen, bemerkten wir, daß alles dunkel war, trotzdem hatten wir das Gefühl, er wäre daheim. Und so klopften und klingelten wir wie verrückt, aber keine Reaktion. Irgendwann kamen wir auf die Idee, hinters Haus zur Terasse zu gehen. Die Terassentüre war gekippt und wir sahen hinter dem Sofa einen Fuss herausragen, nun war uns alles klar. Er hatte derart Lampenfieber, daß er sich versteckte. Da wir aber in keinster Weise Verständnis dafür hatten, brachen wir kurzerhand bei der Terasse ein. Mit etwas Werkzeug und der gehörigen Portion Frechheit, brachen wir in die Wohnung ein und schnappten ihn uns. Zusammengekauert, wie ein Häufchen Elend, versteckte er sich hinter dem Sofa. Wir zogen ihn zu zweit hervor und stellten ihn zur Rede, aber ausser ein paar wenig glaubhaften Ausreden, war aus ihm nichts rauszubekommen. Er wäre sehr erkältet und sterbenskrank, aber das beeindruckte uns in keinster Weise. Wir zerrten ihn vom Fussboden hoch, verfrachteten ihn ins Auto und fuhren gemeinsam zur Location. Dort angekommen, flößten wir ihm Tee ein, da er ja sagte, er wäre sterbenskrank. Während wir noch den ein oder anderen Joint rauchten und uns mit Bier und Sangria schon in Auftrittslaune brachten, musste er halt Tee saufen, Punkt!

Wir mussten aber vorerst noch mit einem wasserfesten Stift unseren Bandnamen auf mehrere hundert Stück Plakate selbst draufmalen. Wenn ich mich recht erinnere, lag es an der Tatsache, dass wir uns die Kosten für den Plakatdruck nicht leisten konnten und somit in Kauf nahmen, dass wir alles händisch hinzufügten. Somit war nun alles zusammen: Schlagzeuger war hier, Plakate wurden noch gemacht und verteilt; die Show konnte starten! Es war fantastisch für uns. Eine große Bühne, der Saal war voll und wir lärmten los was das Zeug hielt. Wir spielten uns im wahrsten Sinne des Wortes blutig, denn mein Kumpel am Bass gab sein letztes und spielte mit so einem Einsatz, dass seine Finger zu bluten begannen. Auch unserem Schlagzeuger mussten wir ein gewisses Engagement zugestehen, denn er sah während des Auftritts auch nicht mehr wirklich gesund aus. Ich weiss es nicht, war es seine Nervosität, oder wurde er wirklich krank, oder gar beides, denn er sah aus wie der leibhaftige Tod. Ich war natürlich auch ganz schön nervös, aber es war ok, denn für uns war es ein denkwürdiger Moment, nämlich unser erster Auftritt. Gegen Ende unseres Sets, kam dann noch eine Gruppe Skinheads in den vollgefüllten Saal und versuchte, mit holen Parolen das Konzert zu stören, aber da genügend Leute anwesend waren, die mit solchen Störenfrieden nichts anfangen konnten, waren die schneller wieder draußen, wie sie reingekommen sind. Wir waren zwar nur das Vorprogramm für eine alteingesessene und richtig abgefahrene Punkband und versemmelten den ein oder anderen Song, aber wir waren überzeugt von uns und dem was wir spielten. Und es war immerhin unser allererstes Konzert, welches auch gleich vor vollgefülltem Saal stattfand. Wir waren trotz allem überglücklich und zufrieden und feierten unseren Erfolg an dem Abend ausgiebig an der Sangriabar. Es sollte übrigens unser einziges Konzert mit unserem ersten Drumer bleiben.

Nach diesem Konzert, hielt ich mich dann regelmäßig in diesem Gasthaus auf. Es hatte zwar nach Aussen hin den Anschein einer großen, gediegenen Gastwirtschaft, mit gut bürgerlicher Küche und traditionellen Ambiente, aber der Schein trügte. Denn in Wirklichkeit verkehrte, wie bereits erwähnt, die gesamte Drogenszene in dieser Lokalität und es gab alles was der Markt hergab, darin zu kaufen, wenn man nur die richtigen Leute kannte, was für mich damals ein sehr großer Anreiz war, regelmäßig dort zu verkehren. Das Lokal war im oberen Stockwerk eines Stadtbaukomplexes und natürlich gab es, so wie in den Städten üblich, auch uralte Kelleräume darunter. Zu einem dieser Kellerbauten, welcher zum Lokal gehörte, hatte einer der Kellner einen Schlüssel und es verschwanden immer wieder Leute für eine kurze Zeit mit dem Schlüssel. Ich empfand es damals natürlich als sehr große Ehre, eines Tages ebenfalls mal mit runter gehen zu dürfen und zu erfahren, was sich da wirklich abspielte. In diesem Keller gab es nämlich das beste Gras zum Rauchen, was es in der Stadt gab. Die paar Leute die in diesen Keller durften, wussten genau, daß immer eine, nicht unerhebliche Menge von diesem Gras zur freien Entnahme bereit lag und es wurde gekifft was das Zeug hielt. Es dauerte nicht lange und ich durfte mich auch zu diesem auserwählten Kreis zählen, der den Schlüssel vom Kellner bekam. Es gab Tage, an denen in diesem Kellergewölbe mehr los war, als im Lokal selbst und ich lernte dort unten auch die durchgeknalltesten und irrsten Typen kennen, unter anderem dann auch unseren zweiten Schlagzeuger. Ich und mein Kumpel am Bass, waren eines Tages im Keller zugegen. Wir hatten keinen Drumer mehr und verbrachten die Probefreie Zeit damit, uns mitten ins Geschehen zu begeben und uns vollzudröhnen. Eines Tages war ein Typ, etwa in unserem Alter, ebenfalls im Keller. Wir hatten ihn eigentlich nie zuvor gesehen, aber wir kamen schnell ins Reden und auf einen gemeinsamen Level. Wir kifften einige Joints zusammen und erzählten ihm von unserer Band und daß wir zur Zeit keinen Schlagzeuger mehr hätten. Im Gegenzug dazu erzählte er uns dafür, daß er eben ein Schlagzeuger sei und großes Interesse daran hätte, bei uns mitzuspielen. Es war zwar eher sein Rauschpegel, der ihn Glauben machte, er wäre Schlagzeuger, aber da unsere Anforderungen bezüglich der Aufnahme eines neuen Musikers weniger im musikalischen Können, als in dem lagen, was einer an giftigen Substanzen vertrug, wurden wir uns schnell einig und wir hatten somit einen neuen Drumer. Obwohl sich zwar recht schnell herausstellte, daß sein Können am Schlagzeug nur darin bestand, im Takt auf alles am Drum Erreichbare einzudreschen, fanden wir unsere Entscheidung, ihn in unsere Band aufzunehmen, als die absolut richtige und er war doch über eine gewisse Zeit dabei. Leider war der Hang zu den Drogen bei ihm um ein Vielfaches stärker ausgeprägt als bei mir, was ihn dann auch ziemlich schnell in eine große Abhängigkeit und Obdachlosigkeit führte. Er verschwand immer mehr von der Bildfläche und niemand wusste wo er sich aufhielt, bis er dann plötzlich wieder, wie aus heiterem Himmel da stand. Dieses Verschwinden hatte, aus heutiger Sicht, mit seinen massiven Lebensproblemen und der daraus resultierenden, starken Abhängigkeit zu tun. Auf jeden Fall war er eines Tages einfach nicht mehr bei der Band, vor allem weil wir auch nicht mehr wussten, wo er sich aufhielt, wann er überhaupt wieder kommen würde und ob wir überhaupt noch Konzerte, auf Grund seiner starken Heroinsucht ausmachen konnten. Ich erfuhr Jahre später, daß sich sein Weg weiter so abzeichnete und er als Obdachloser mittlerweile verstorben ist.

So kamen wir, nach einiger Zeit dazwischen und durch viele Zufälle, zu unserem dritten und letzten Drumer. Der war schon ein ganz anderes Kalliber und wir waren so viel Professionalität auch gar nicht gewöhnt. Er spielte schon jahrelang Schlagzeug, hatte ein Drumset, welches an Größe und Rafinesse nicht zu überbieten war und er konnte spielen; und wie er spielen konnte! Selbst heute frage ich mich noch, was ihn wohl wirklich bewog, bei uns mitzuspielen, denn wir waren das genaue Gegenteil von ihm. Er war professionell, hatte nichts mit Punkrock am Hut, verfolgte seinen musikalischen Weg konsequent und hatte seine Ziele, auf die er hin arbeitete. Im Gegensatz dazu, waren wir an purem Krawall intressiert, hauptsache laut und mit einfachen, lebensverneinenden Parolen versetzt und verfolgten weder realistische Ziele, noch waren wir an stetigem Üben interessiert. Dennoch fanden wir zusammen und er blieb. Den Platz an den Drums besetzte er am längsten und wir spielten die meisten Konzerte zusammen. Sein brachiales Spiel auf seinem überdimensionierten Schlagzeug, machte unseren Sound einem Panzer gleich: laut und vernichtend! Schnell hatten wir auch sowas wie einen großen Bekanntheitsgrad, den wir zwar selbst nicht so ganz registrierten, aber der uns bei Konzerten immer den Hauptact garantierte. Nun hatten wir alles, den perfekten Drumer, einen großen, zumindest lokalen Bekanntheitsgrad und dann plötzlich noch neue Instrumente und eine richtig fette Soundanlage. Eines Tages lernten wir beim Saufen einen komplett durchgedrehten Typen kennen. Er war nicht aus dieser Gegend, aber er kam immer wieder mal in unsere Gegend. Dann war er wieder Wochenlang weg, bis er eines Tages wieder im Lande war. Er wusste von unserer Band und war begeistert von uns, da wir mit unserem Krawall eben genau diese Sorte Leute ansprachen. Eines Tages stand er plötzlich vor unserem Proberaum. Er kam mit einem größeren Bus angefahren und hatte im Schlepptau einen noch durchgeknallteren Kumpel dabei. Er sagte uns, sie hätten ein kleines Problem mit dem Inhalt des Busses, denn sie wären in ihrem Land ja auch Musiker, hätten aber ihren Proberaum verloren und wüssten nicht mehr wohin mit ihrem Equipement. Wir hatten damals die schlechte Eigenschaft, nichts zu hinterfragen, da uns einfach alles vollkommen egal war, darum dachten wir auch nicht daran, daß das Zeug in Wirklichkeit geklaut war. Er fragte uns, ob er das gesamte Equipement bei uns lassen könne, wir könnten es natürlich in dieser Zeit auch benutzen. Des weiteren käme er die Sachen dann in ein paar Wochen wieder abholen. In unserer Gleichgültigkeit und Naivität, willigten wir natürlich ein. Und so hatten wir plötzlich nagelneue Instrumente und eine komplette Musikanlage, mit Mischpult, Verstärkerteilen und allem erdenklichen Zubehör. Nicht ein mal dachten wir nach, ob da vielleicht irgendwas faul sein könnte, nein, im Gegenteil, wir freuten uns einfach über die neue Anlage und tingelten in weiterer Folge sogar durch das Land mit dem Zeug. Aus den versprochenen paar Wochen, ab denen er die Sachen wieder abholen wollte, wurden 2 Jahre. Wir sahen ihn in den zwei Jahren ein einziges mal per Zufall, aber er meinte nur, er käme es dann irgendwann abholen. Nach ca. 2 Jahren, wo wir schon in der vollsten Überzeugung waren, er käme nie wieder und die Sachen gehörten uns, kam er es dann tatsächlich abholen. Eine vollkommen irre Geschichte, ein uns eigentlich völlig Fremder, bringt uns aus heiterem Himmel einen ganzen Bus voll professionellstem Equipement, meldet sich nie wieder und holt es nach zwei Jahren genau so unspektakullär wieder ab, wie er es brachte. Auch heute gehe ich noch davon aus, dass das Zeug geklaut war, aber genau weiss ich es bis heute nicht und somit bleibt es wohl für immer eine Spekullation.

Aber zurück zu unserem Neustart mit der Band. Der neue Drummer war fantastisch, wir hatten das beste und professionellste und vor allem lauteste Equipement und wir waren der vollsten

Überzeugung, uns stehen alle Türen offen. Was sich auch eine gewisse Zeit lang bestätigte, für unsere damaligen Verhältnisse zumindest. Wir probten viel und hatten Auftritte. Dennoch ließ uns der neue Drumer mit der Zeit immer mehr spüren und wissen, daß er sich schon gerne mehr in die professionellere Richtung entwickeln würde. Wir, oder besser gesagt, eigentlich ich, ignorierte das natürlich, denn ich war immer noch der Ansicht, daß wir der musikalische Zenith in der Szene wären. Mein immer exzessiverer Drogenkonsum bestärkte mich noch in dieser fatalen Selbstüberschätzung, denn die Realität entglitt mir zusehends immer mehr. Und genau dieser Realitätsschwund und meine immer extremer werdenden Exzesse, führten dann schlussendlich auch zum Ausstieg unseres Drumers aus der Band und damit zum entgültigen Ende der Band. Es war dieses eine, letzte Konzert und da schlug ich dermaßen über die Stränge, dass ich damit das letzte zerstörte, was für mich noch Wichtigkeit hatte im Leben, nämlich meine Band. Es war ein sommerlicher Nachmittag an einem Wochenende, an dem wir nichts besseres zu tun hatten, als uns am hellichten Tag schon das ein oder andere Bier reinzukippen. Plötzlich kamen ein paar Kumpels zu uns in den Proberaum und teilten uns mit, daß im Jugendhaus ein groß angelegtes Konzert mit mehreren Bands an diesem Tag stattfindet, die Hauptband aber soeben abgesagt habe. So fragten sie uns, ob wir denn nicht Lust hätten einzuspringen und den Hauptact zu bestreiten. Die komplette Anlage würden sie uns stellen und die Gage bestünde aus Freibier und Essen. In unserer schon langsam spürbaren Bierlaune, sagten wir, nach kurzer Beratung zu und packten unsere Instrumente zusammen. Wir wurden zum Veranstaltungsort gebracht, wo die Bude  schon beim Überkochen war und sich schon die ersten Bands die Klinke in die Hand gaben. Es war richtig was los und wir wurden gebührend empfangen und begrüßt. Es wurde noch

kurz der Ablauf besprochen und dass wir als Hauptact irgendwann spät Nachts auftreten würden. Es war ja immer noch
Nachmittag und vor uns spielten noch eine Menge an Bands.
Wie es uns vorab versprochen wurde, hatten wir freie Kost und
konnten essen und trinken soviel und was wir wollten, letzteres
sollte mir an diesem Abend dann noch zum Verhängnis werden.
Natürlich kannte ich die meisten der anwesenden Bands, ebenso wie den Grossteil der Konzertbesucher und so wurde die
Wartezeit dafür genutzt, mich mit jedem mal etwas zu unterhal-
ten und  das ein oder andere Glas zu trinken. Da ich mich zudem kurz davor noch mit einer ordentlichen Portion Haschisch
eingedeckt hatte, war der Exzess vorprogrammiert. Wir hatten
noch einige Stunden bis zu unserem Auftritt in der Nacht und
unser Schlagzeuger kam immer wieder zu mir und ermahnte
mich, ich solle langsam tun, da wir noch auftreten müssten.
Meine letzten Erinnerungen an diesen Tag, hatte ich als es noch
hell draußen war, also noch Stunden vor unserem Auftritt, danach war Filmriss. Bis heute kann ich mich an nichts mehr erinnern, was an diesem Tag geschah, aber dafür gab es Unmengen
an Leuten, welche den Auftritt miterlebten. Dieser Auftritt
machte uns, oder mich zumindest, schlagartig unvergesslich bei
vielen Leuten. Ja, der Auftritt fand sogar statt, aber ich weiß
nichts mehr davon. Ich wurde noch lange Zeit danach, von den
unterschiedlichsten Leuten darauf angesprochen; dieser Abend
blieb wohl einem jeden in Erinnerung, außer mir. Obwohl kein
Song wirklich funktionierte, waren es anscheinend meine groß-
kotzigen Ansagen und meine Beschimpfungen von der Bühne
aus, welche unseren Auftritt unvergesslich für viele machte. Am
nächsten morgen hatte ich keine Ahnung, wie und wann ich
heimgekommen war. Auch hatte ich nicht den blassesten
Schimmer, wo das ganze Equipement verblieben war. Am Abend
jedoch, kam unser Schlagzeuger, offerierte mir seinen soforti-

gen Austritt, packte seine gesamten Sachen zusammen und verschwand. Auch wenn meine Gefühlswelt zu dieser Zeit, durch meinen immer größer werdenden Drogenkonsum, immer mehr versteinerte, traf mich sein Austritt so dermaßen, dass ich sogar anfing zu heulen. Ich spürte das erste mal wieder so etwas wie Schmerz und unendliche Trauer. Vielleicht heulte ich aber auch nur, weil ich im tiefsten Innersten eine Vorahnung hatte, dass das Ende der Band, zugleich der Anfang vom Ende für mich bedeutete, denn ab dem Zeitpunkt ging es mit mir dann so richtig bergab und ich begrub meine Kindheit und Jugend nun entgültig.

# Im Rausch durch die Jugend

Es stellt sich vorab immer die Frage, wo hat denn die Drogenkarriere wirklich begonnen. War es der erste Joint, der erste Alkohol, die erste richtig große Enttäuschung im Leben, oder noch etwas früher verwurzelteres? Ich denke, es ist bestimmt eine Mischung aus allem. Da diese Zeit zum heutigen Zeitpunkt schon über zwanzig Jahre her ist, kann ich auch behaupten, an dieses Thema recht offen und reflektiert herangehen zu können. Ich kann mittlerweile sogar schon über ein paar von diesen früheren Begebenheiten schmunzeln, sicher auch dadurch, weil ich mit dieser Zeit schon lange abgeschlossen habe und einen Haken darunter gemacht habe. Aber wo begann es bei mir? Wo ich doch bis zu meinem Wesenswandel kein einfältiges Kind war und in der Schule immer in der ersten Leistungsgruppe. Wo ich weder Hunger, noch Armut leiden musste.

Es wirkten sicherlich sehr viele Einflüsse auf mich ein, darunter natürlich auch einige negative. Trotz dessen dass ich meinen Vater nie kannte und er folglich auch nie bei uns wohnte, waren wir doch eine Familie, bestehend aus mehreren Leuten. Wir wohnten alle gemeinsam in einem Haus und somit war immer etwas los und es gab so etwas wie eine Familienidylle. Als erster zog mein Onkel aus. Etwas später dann meine Mutter, welche heiratete und mit ihrem Mann eine neue Wohnung bezog. Und plötzlich war sie da, diese Leere. Ich blieb irgendwie übrig. Natürlich wurde mir angeboten, dass ich ebenfalls mit meiner Mutter in deren neue Wohnung ziehen könne, aber da ich in einem Haus aufgewachsen bin und in diesem meiner Leidenschaft, der Musik und vor allem dem Heavy Metal, lautstark fröhnen konnte, zog ich es vor dort zu bleiben. In der neuen

Wohnung, welche sich in einem Mehrparteienhaus befand, wäre dies mit Sicherheit nicht mehr möglich gewesen, daher entschied ich mich für die Freiheit Musik zu hören, zu leben und machen zu können wann ich wollte. Dennoch fühlte ich zu dieser Zeit schon die ersten Anzeichen einer enormen Einsamkeit und Leere.

Zu dieser Einsamkeit gesellte sich ein fast schon düsterer Blick in die Zukunft. Was hätte ich mal werden sollen? Wohin führte mein Weg? Es gab wohl nicht wirklich etwas für mich. Ich hatte viele Fähigkeiten, war neugierig und interessiert, lernwillig und motiviert. Aber meine Fähigkeiten schienen nicht sehr konform mit der gesellschaftlichen Erwartung einher zu gehen. Die Erwartungen in meinem Umfeld waren dahingehend, dass ich eine Handwerkslehre mache, dann dieser Tätigkeit nachgehe bis ans Lebensende und meine restliche Lebenszeit damit verplempere, dass ich Abends saufend im Wirtshaus sitze und mich Wochenends bei irgendwelchen Vereins- und Dorffesten blicken lasse und mir dort ebenfalls die Kanne gebe. Ich sah in meinem Umfeld genügend dieser Schicksale und so wollte ich bei Gott nicht werden, denn glücklich sah anders aus!

Daraus zeichnete sich in jener Zeit ein kompletter Sinneswandel ab, welcher sich in totalem Desinteresse an allem und Jedem abzeichnete. Ich rutschte in der Schule im Rekordtempo von der ersten in die dritte Leistungsgruppe ab. Ich hatte bis dato nie einen „Fleck", also nie einen Fünfer, aber meine Zeugnisse waren plötzlich übersäht mit den schlechtesten aller schlechten Noten. Die Schule hatte mir nichts mehr zu bieten, was für mich von Interesse sein konnte. Mein Charakter verbog sich förmlich. Meine Orientierungslosigkeit schlug sich in Unehrlichkeit, Agression und Depression nieder. Ich hatte nur noch Blödsinn im Kopf. Andere nieder zu machen und zu demütigen, wurde zum Alltag. Meine Idole änderten sich und ich mich zog es automatisch zu den Menschen hin, welchen ich lieber aus dem Weg hätte gehen sollen. Um so mehr jemand auf dem Kerbholz hatte, um so kaputter und orientierungsloser jemand war, um so erstrebenswerter fand ich es mit dem jenigen Gut Freund zu sein. Und so war ein gewisser Weg schon vorprogrammiert.

Der einzig ideelle Wert der mir blieb, war die Musik. Und genau das stieg in der Wertigkeit noch um ein vielfaches an. Die Musik war alles an das ich mich noch halten konnte. Aber die Musik wurde immer extremer. Es war wie eine Sucht: was gestern noch Heavy-Stuff war, war am nächsten Tag schon nicht mehr extrem genug. So kam ich vom doch eher melodiösen Hardrock, zum Thrash, zum Noise und dann zum Punk. Letzterer sollte mich ein paar Jahre musikalisch begleiten und mein Leben auch drastisch verändern. Von den eher harmlosen Hardrock-Texten, welche meist keinen tieferen Sinn beinhalteten und mehr den rebellischen Partytyp ansprachen, kam ich in eine musikalische Welt hinein, welche mehr vom Tiefstapeln und von der Hetze lebte. Statt „Rock'n'Roll All Nite", wurde nun alles gegen alles und jeden revoltiert. Und das nicht mit zimperlichen Worten. Ich fand Gefallen daran, weil es mich ansprach, oder besser gesagt, mir aus der Seele sprach. Und wieder war es da, dieses Gefühl verstanden zu werden und eine Welt nur für mich zu haben. Nur im Gegensatz zu meiner Kindheit, in der ich dieses Gefühl schon mal erlebte, war es diesmal eine ernste Welt, deren Abgrund ich mir zu diesem Zeitpunkt in keinster Weise bewusst war. KISS wurden von Extreme Noise Terror abgelöst, „Smoke On The Water" von „Schlagt sie alle tot..." und mein blühendes Interesse am Leben, von einem immer tiefer werdenden Drang zur Selbstzerstörung. Die Spirale ging schnell weit nach unten und mir gefiel es.

In der Hauptschulzeit fing das allgemeine Interesse an Partys und Mädchen an. Es gab in meiner Nähe einen kleinen Partyraum, der hauptsächlich für Jungs und Mädels in unserem Alter bestimmt  und der auch preislich leistbar war. So legten wir in der Schule immer öfter unser Geld zusammen, organisierten Musik und Getränke und mieteten diesen Raum an einem Wochenende. Wir reden hier von Partys, wie sie Kids in unserem Alter entsprachen. Also Cola schlürfen, mehr oder minder gute Musik in voller Lautstärke hören und die ein oder andere Anbahnung zu einem Mädchen. Ein Zungenkuss war dann schon mal das Höchste was einem an so einem Partyabend passieren konnte, also alles im altersentsprechend gediegenen Rahmen. Selbst gewisse Lehrer wurden eingeladen, natürlich nur die, die man irgendwie mochte – und sie kamen auch. Aber eines dieser Feste - es war meines Wissens nach das zweite dieser Art – war für mich die Eintrittskarte in ein berauschtes Leben, um es gelinde auszudrücken. An eben jenem Abend erreichte die langsam ausufernde Pupertät unter uns Jungs ihren Höhepunkt. Irgendwer aus unserer Clique kam auf die Idee, dass etwas Alkohol die Party in Schwung bringen könnte. Gesagt, getan und ein paar liefen nach Hause um heimlich irgendetwas alkoholisches aus der elterlichen Wohnung zu schmuggeln. Alles war willkommen, denn mit Alkohol hatten wir alle noch so gut wie keine Erfahrung. Zumindest in der Realität, denn in der Fantasie brüstete sich fast jeder schon mit diversen Alkoholexessen. Eine Stunde später versammelten wir uns alle wieder vor dem Partyraum und das Ergebnis ließ sich sehen. Einer hatte zwei Dosen Bier mit, ein anderer eine angebrauchte Pulle Wein, ein anderer wiederum irgendein kleines Fläschchen Likör, usw. . Nun standen wir da, die Aussenseiter und Maulhelden. Eine für uns nicht unerhebliche Menge Alkohol, gepaart mit den wildesten Vorhaben und Sprüchen die man sich nur vorstellen kann. Jeder hatte irgendwas in der Jacke versteckt und wir waren alle gewillt den Sprüchen nun auch Taten folgen zu lassen und uns den Alkohol reinzuschütten, denn wir waren ja wilde Kerle, die vor sowas nicht scheuten. Die Realität sah jedoch anders aus. Nachdem wir uns gegenseitig fast eine Stunde lang unsere erbeuteten Alkoholikas zeigten, uns zusammenfantasierten was wir alles vertragen würden und in welchem Rausch wir sein würden, stellte sich ernüchternd raus, dass keiner den Mut hatte das Zeug wegzukippen. Jedes Großmaul wurde langsam kleinlaut, niemand wollte sich die Blöße geben, aber trotzdem ruderte jeder plötzlich zurück. Alkohol, das war nun doch eine Nummer zu groß für uns alle. Bis auf mich. Nein, nicht weil ich der Held der Runde war, sondern weil ich wahrscheinlich der Held der Runde sein wollte. Und so nahm ich mit einer Selbstverständlichkeit die erste Dose Bier in die Hand, öffnete sie großkotzig und trank den ersten Schluck. Die Bewunderung der anderen war mir gewiss und mein Selbstbewusstsein stieg ins unermessliche. Leider stieg neben dem Selbstbewusstsein auch der Rauschpegel, denn ich kannte kein Halten mehr. Aus dem ersten Schluck wurde der nächste, aus der ersten Dose Bier wurde die zweite und in kürzester Zeit wurde alles was an alkoholischer Beute da war, getrunken. Und plötzlich wurde es Nacht, im wahrsten Sinne des Wortes. Ich kann mich bis heute nur noch an Bruchstücke von diesem Abend erinnern. Es gab nichts dazwischen, sondern nur diesen plötzlichen und extremen Vollrausch. Ich weiss bis heute noch, dass ich mit irgendeiner Federboah um den Hals zu tanzen anfing, mich ein Lehrer versuchte unter Kontrolle zu bringen und dass meine Scheu Mädchen anzusprechen vollkommen verflogen war. Dann war Filmriss! Das nächste an das ich mich noch erinnern kann, war, dass mich mein Physiklehrer nach Hause brachte in seinem Auto. Mein damaliger bester Kumpel fuhr ebenfalls mit. Zuhause öffnete meine Oma das Garagentor und fing an zu schreien, aber die Worte kamen nicht wirklich bei mir an. Mein Zimmer war im obersten Stock. Das letzte an das ich mich erinnern kann, war, dass ich durch die geschlossene Glastür in mein Zimmer ging. Erst am nächsten morgen sah ich, dass ich wohl vergessen hatte die Türe zu öffnen bevor ich durchging, denn die war komplett demoliert. Es fehlte nur, dass man noch den Umriss im zerbrochenen Glas sah, wo ich durchging. Scherben klebten an mir, die Federboah lag neben der Tür und ich hatte keinen Plan mehr was am Vortag war. Und extreme Kopfschmerzen! Und Ärger gabs natürlich auch - und das nicht schmal! Ich überschritt an diesem Abend eine Hemmschwelle, die ich besser nicht überschreiten hätte sollen. Denn ab da ging es erst richtig los, die Abstände verringerten sich und die Lust auf Mehr stieg ins  unermessliche. Wie es unter Jungs in dem Alter nun mal ist, stieg mein Ansehen nach diesem eigentlich verkorksten Abend. Sie fanden es nicht nur lustig, nein, ich war auch plötzlich der, der die Sache durchgezogen hat und das war aus heutiger Sicht nicht gerade förderlich, da ich in meinem Weg natürlich auch bestärkt wurde.

Ein zweites, einschneidendes Rauscherlebnis folgte kurze Zeit später, nur diesmal mit harten Getränken. Ich und zwei Kumpels zogen eines Nachmittags los und hockten uns in das Dorfgasthaus, wo wir auch sonst hin und wieder rumhingen. Gut, damals gab es noch keinen McDonalds, oder ähnliche Treffpunkte, so wie sie heute unter Jugendlichen üblich sind. Wir saßen also an der Bar und tranken unser Cola, bis wir irgendwann auf die glorreiche Idee kamen einmal Schnaps zu probieren. Auch diese Sache gingen wir mit einer gehörigen Portion Aufschneiderei und Naivität an. Jeder wusste bescheid, jeder kannte sich aus und war erfahren was dieses Thema anging. Und wieder mussten wir uns eingestehen, dass keiner von uns jemals in seinem Leben Schnaps getrunken hatte. Ok, damals war es mit dem Jugendschutz auch noch nicht so eng gestrickt  in den Gasthäusern, da wurde alles noch etwas legerer gehandhabt. So, nun saßen wir da und bestellten uns einen Obstler. Keiner gab es zu, aber das Zeugs war höllisch scharf und sau grausig! Dennoch „schmeckte" es uns drei und wir fühlten uns unglaublich stark dabei. Nur die erwünschte Wirkung war einfach nicht zu spüren. So probierten wir noch einen. Der zweite war noch grausiger als der erste, aber wieder war jeder vom „Geschmack" und der eigenen Souveränität überzeugt. Dennoch hatten meine beiden Kumpels nach dem zweiten genug. Nur ich wieder nicht. Ich konnte es nicht glauben, dass es keine Wirkung gab. Angestachelt vom Erfahrungsdurst, im wahrsten Sinne des Wortes, bestellte ich noch einen und dann noch einen und noch einen. Ich kann mich heute noch genau daran erinnern, dass es 15 (!) Stück Obstler waren, mehr als voll eingeschenkt und einer grausiger wie der andere. Und es wurde immer unbegreiflicher für uns alle: keine Wirkung. Enttäuscht ob der Situation verließen wir den Gasthof und gingen zu Fuss nach Hause. Beide schauten mich auf dem Nachhauseweg andauernd an und fragten: „Und? Spürst schon was?" Ich verneinte, weil ich absolut nichts spürte. Wir waren ratlos und gelangweilt. Das war also Schnaps? Viel Wind um nichts, dachte ich mir. Doch plötzlich, kurz bevor wir bei mir daheim ankamen, durchfuhr es mich wie ein Blitz. Ich klappte erst mal zusammen, begann zu stammeln und konnte mich nicht mehr auf den Beinen halten. Von einer Sekunde auf die nächste war Schicht im Schacht. Ein Rausch wie es ärger nicht mehr ging, aus heiterem Himmel. Ich kann mich nur noch daran erinnern, dass mich meine beiden Kunpels heimtragen mussten. Sie brachen erst in Panik aus, schnappten mich dann aber und lie-

ferten mich daheim ab. Ärger an den nächsten Tagen war natürlich wieder vorprogrammiert und ich weiss noch, dass es mir
danach wirklich saumieß ging. Ich habs unterschätzt, aber immerhin wusste ich nun auch das.

Diese beiden Erlebnisse aus meiner – man kann eigentlich noch
sagen Kindheit, blieben mir richtig im Gedächtnis hängen. Das
war der Beginn vom Ende. Ab da gings nur noch Bergab und es
gab kein Halten für mich.

Ein junger Mensch in diesem Alter, bereitet sich im Normalfall
langsam auf seine Zukunft vor, hat seine erste Freundin, widmet
sich der Frage was er später mal beruflich machen möchte und
vieles mehr. Die Welt steht so einem jungen Menschen offen, in
unseren Breitengraden zumindest. Nur meine Welt wurde immer verkorkster und Zukunftsloser. Ich verlor mehr und mehr
die Orientierung im Leben. Ich hatte keine Ahnung was und ob
ich überhaupt irgendetwas beruflich machen würde, meine erste Liebe ging durch äussere Umstände in die Brüche und mein
Weltbild wurde immer mehr von der Selbstzerstörung über-
schattet. Ich sah für mich einfach keine richtige Zukunft. Ich
wollte beruflich irgendetwas mit Musik machen, nur gab es das
nicht wirklich. Meine eben erwähnte erste Freundin musste sich
von mir trennen, weil ihre Eltern mutmaßten, das ich wohl der
gleiche Nichtsnutz wäre wie mein Vater, den ich aber nicht
kannte. Sie empfanden, dass ihre Tochter etwas besseres ver-
dient habe, wie so jemand wie mich. Denn meinen Vater würden
sie kennen und dass der Sohn vom selben Schlag wäre, das war
für sie ein Faktum. Ich fands unfair, da ich meinen Vater bis Dato
nie kennengelernt hatte und auch keinen Anhaltspunkt hatte,
was für ein Mensch er war. Dennoch, die erste Liebe war somit
Geschichte. Weitere Liebschaften, wie es in dem Alter üblich ist,

blieben mir mehr oder minder verwehrt. Mein unbeirrter Weg zum Aussenseiter der Gesellschaft, war der Mädchenwelt nicht so ganz geheuer sein, womit ich auch nicht gerade in der Riege der allgemeinen Traumkandidaten war. Auch meine unzähligen Versuche, in denen ich all meinen Mut zusammenfasste ein Mädchen anzusprechen, endeten im puren Chaos und meist in großer Peinlichkeit. Aber gut, ein Grund mehr gegen all das zu rebellieren und an dem Weg festzuhalten, den ich bereits beschritten hatte. Meine Eskapaden wurden mehr und mein Äusseres entwickelte immer mehr ein Abbild meines Inneren.

Ich hatte immer lange Haare, das war schon schlimm genug für so manch Zeitgenossen. Ich fand sogar eines Tages eine Lehrstelle. Besser gesagt, ich kam bei einem entfernteren Verwandten unter, der mir die „Chance" gab ein richtiger Buckler (also Arbeiter) im Bereich Gas-Wasser-Heizungsinstallateur zu werden. Das wurde also  von mir erwartet, ich solle richtig schinden und gehorchen lernen. Wie auch immer, eben dieser entferntere Verwandte stellte mich unter einer einzigen Bedingung ein, dass ich meine langen Haare abschnitt. Jeder wusste genau, dass dies einer totalen Erniedrigung und Unterwerfung meiner Selbst gleichzusetzen war. Aber ich war ja auch nicht von gestern und gehorchte dieser Forderung. Die Bedingung hieß: lange Haare weg. Also ging ich eines Nachmittags zum Friseur und ließ mir einen Irokesen rasieren. Um dem ganzen noch Nachdruck zu verleihen, machte ich mir nachher mit einem extremen Wachs, aus dem ganzen Irokesen 5 Spitzen. Das Wachs hatte ich von einer Freundin bekommen und wir waren zu dritt dran die Spitzen zu formen und zu modellieren.  Dieses Wachs tat sich kein normaler Mensch in die Haare, denn es hatte einen Nachteil, oder für mich sogar den Vorteil, dass es nicht mehr wirklich aus den Haaren rausging. Die 5 Spitzen an meinem Kopf, alle so ca. 30

bis 40 cm hoch, hielten Tod und Teufel. Selbst Tage danach standen sie noch, als ob sie aus Beton wären. Jedesmal wenn ich irgendwo durch eine Tür durchmusste, krachte es richtig am Kopf und ich spürte wie die Haare richtig brachen. Wie auch immer, ich hatte die Bedingung erfüllt und meine langen Haare abgeschnitten. Ich muss wohl nicht erwähnen, dass mein Entgegenkommen auf wenig Verständnis traf. Das gab richtig Ärger, als ich meine Lehre anfing. Ich hatte als einziger Lehrling Kappenpflicht und durfte nicht zu Kunden gehen. Ich durfte nur auf Großbaustellen arbeiten, wo mich kein Privatkunde sah, der sich vor mir erschrecken hätte können. Aber selbst dort hieß es für mich: Kappenpflicht! Da sie mich dadurch aber immer noch nicht brechen konnten, legten sie eine Schippe nach und verprügelten mich zwei mal. Mit ihren Schlägen untermauerten sie aber nur ihre eigene Einfältigkeit und erreichten genau das Gegenteil.

Aber all das bestärkte mich nur in meinem Handeln und jeder Widerstand von Aussen gab mir zusätzlich Aufwind. Meine Lehrzeit war von Problemen durchzogen. Probleme in der Lehre, Probleme in der Berufsschule, Probleme mit mir selbst. Jeden Tag heim von der Arbeit, raus aus den gehassten Arbeitsklamotten, Schallplatte aufgelegt und volle Kanne aufgedreht, danach in die Stadt rein und Komasaufen – Drogenrausch – Filmriss! Jeden Tag das selbe. Das einzige was sich änderte, war die immer extremer werdende Intensität des High-Seins, egal mit was, hauptsache weg und nix mehr spüren. Einmal stand ich sogar in der Zeitung, als jüngster Drogenfall der Stadt. Ich probierte das erste mal Rohypnol. Derjenige der mir das gab, sagte noch ich solle vorsichtig sein und mit einer halben Tablette anfangen. Aber ich war einfach in allem Maßlos und so kaufte ich die ganze Reihe. Wieviele ich davon dann genommen hatte, zu den Unmengen an Alkohol, wusste ich nicht mehr. Ich bekam nur mit, dass ich irgendwann am nächsten Tag daheim aufwachte, da mich anscheinend die Polizei heimbrachte. Nachzulesen war es dann auch am Tag darauf in der Zeitung, als eben jüngster Drogenfall in der Stadt. Und nein, auf das bin ich ganz und gar nicht stolz, aber damals, in meiner ziellosen Naivität, gab mir selbst das so etwas wie Aufwind. Irgendwie irre, aber so war es leider.

Die Kifferei war zu dieser Zeit schon Alltag. Herion hatte ich auch schon öfter probiert. LSD war bis Dato das krasseste und sonst nahm ich halt was der billige Markt hergab. Meist jedoch war ich so sturtzbetrunken, dass ich nicht mehr wusste was ich so alles in mich reinzog. Filmriss inklusive! Meinen ersten Joint rauchte ich schon lange vor dieser Zeit. Wir waren in der Schweiz bei irgendwelchen Punks, die ich gerade davor kennenlernte. Jemand zog einen braunen Klumpen hervor und alle grinsten mich an. Ich fragte was das sein solle und bekam zur Antwort, das wäre ein Piece, also Hasch. Ich lachte etwas verhalten, da ich mir ziemlich verarscht vorkam. Denn in meiner Vorstellung war Hasch immer noch ein weisses Pulver, welches nur von Schwersüchtigen konsumiert wurde. Um mir nicht die Blösse zu geben, rauchte ich den vermeintlichen Joint mit. Es roch und schmeckte eigenartig. Nach dem rauchen fühlte ich mich in meiner Meinung bestätigt, dass es natürlich kein Haschisch gewesen sein könne, da ich rein gar nichts spürte. Ich hatte es wohl wie die meisten Menschen, wenn sie das erste mal einen Joint rauchen: man spürt beim ersten mal nichts. Nichts desto trotz sprach ich mit meinen Kollegen darüber und es stellte sich raus, dass es wirklich Hasch war. Mein Fazit lag also auf der Hand: Haschisch ist also kein weisses Pulver; beim ersten Mal spüren die meisten nichts; daher muss es nochmal probiert werden! Gesagt, getan. Ein neuer Klumpen war bald aufgestellt. Nach etwas Übung bekamen wir dann auch sowas wie einen Joint hin und rauchten das Zeug. Hollawind, diesmal rappelte es aber im Gebüsch. Jetzt war Wirkung da und das nicht zu knapp. Nun war auch ich überzeugt und das Zeug wurde recht schnell zum alltäglichen Gebrauch adaptiert. Einige Zeit später, also dann zu meiner Lehrzeit, war das nur noch Nebensache und sicher das geringste aller Übel. Aber ich muss aus heutiger Sicht auch ehrlich sein, es war zwar nicht das größte Übel, aber es war mit ein Übel, auf das ich ebenso bis zum heutigen Tag gut verzichten kann.

Tendentiell zu meiner immer mehr ausufernden Drogenproblematik, wuchs auch meine kriminelle Energie. Schon lange bevor ich meinen ersten Joint rauchte, oder das erste mal diverse andere Substanzen probierte, verlor ich Schritt für Schritt den Respekt vor dem Leben und vor allem vor mir selbst. Getrieben aus dieser gefährlichen Mischung aus Langeweile und Desinteresse an Allem, wurden aus harmlosen Streichen schnell mal Straftaten. Wir waren eine kleine Clique, bestehend aus einer Gruppe desillusionierten und gelangweilten Kids, welche einfach den Kick und die Selbstbestätigung suchten. Ein lustiger Streich, der gestern noch interessant war, dem konnten wir am nächsten Tag nichts mehr abgewinnen, also mussten immer extremere Sachen her. Wir verloren Stück für Stück den Respekt vor unserem Umfeld und so wurden aus Hänseleien an unseren Schulkollegen, bald mal richtige, tätliche Übergriffe. Doch auch irgendwann reichte uns auch das nicht, so gingen wir auf die Lehrer los, verbal, tätlich und mit immer unverschämteren Mitteln. Wir hängten Mitschüler kopfüber aus dem obersten Stock der Schule und ließen sie teilweise fast fallen, weil wir vor lauter Lachen fast vergaßen, sie festzuhalten. Die Rauchbombe, welche die X-fache Wirkung erzielte, wie wir alle annahmen, löste dann einen Polizei- und Feuerwehreinsatz aus und die Schule musste evakuiert werden. Tag für Tag stachelten wir uns gegenseitig auf und übertrumpften uns in unseren Ideen, noch wilderes und extremeres zu machen. Musikalisch liessen wir uns  von Rechtsrock antreiben, der uns Kampfeslust gab und uns in unserem dummen Treiben noch bestätigte. Und neben der Schule trafen wir uns um zum saufen. Dabei schworen wir uns ewige Freundschaft, bis zum Tod. Dass die Freundschaft dann doch nicht so lange anhielt, merkten wir spätestens nach Ende der Schulzeit. Unsere Clique schrumpfte auf Minimalbesetzung und die meisten gingen ihre Wege. Der Rest, unter den auch ich fiel, suchte immer noch seinen Weg. Aber ich fand meinen Weg nicht, im Gegenteil, meine Frustration ließ mich weiter einen Weg beschreiten, auf dem ich immer weiter bergab schlitterte.

Bis heute kann ich nicht wirklich behaupten, dass ich je ein grosses kriminelles Potential in mir gehabt hätte. Dennoch hinterließen anfängliche Frustration und Ziellosigkeit und die spätere Beschaffungskriminalität ihre Spuren und Narben. Es waren vor allem Diebstähle in allen Varianten, hauptsache das ersehnte braune Pulver konnte rangeschafft werden. Vor allem das Heroin eliminierte den letzten Rest an Gewissen den ich noch hatte. Es war das grausamste, dreckigste, höllischste und extremste Zeug, welches ich je in meinem Leben konsumierte. Gut, andere Drogen hatten vielleicht mehr an Soforteffekt, so wie zum Beispiel LSD, aber Heroin raubte mir die Seele und und machte aus mir eine leblose und ferngesteuerte Hülle. Alle in meinem Bekanntenkreis, welche sich diesen Dreck reinzogen, sagten anfangs das Selbe: "ich nehme es nur solange, solange ich nicht süchtig werde. Bevor das eintrifft, höre ich sofort auf, weil ich kann das!". Es war von jedem der gleiche Satz, auch von mir.

Und ich war auch überzeugt, dass das kein Problem für mich wäre, denn ich könne ja jederzeit aufhören. Aber dieses Pulver hatte etwas dämonisches an sich und verschlang jeden, auch mich! Es war diese "Wurschtigkeit", diese Gleichgültigkeit und die fadenscheinige Wärme, welches einen so gierig nach dem Zeug machte. Ich schnupfte es anfangs, dann rauchte ich es, aber die Spritze war nicht weit weg. Ich hatte das Gefühl, dass ich zu viel von dem Zeug verschwendete durch das Schnupfen und Rauchen, daher griff auch ich bald zur Spritze. Und plötzlich war alles anders. Ich kochte es auf mit Ascorbinsäure, also mit einer Art Zitronenpulver, setzte an, zog einmal die Spritze an und sah wie das Blut sich in der Spritze mit dem aufgekochten Heroin vermischte und drückte alles rein. Noch während ich den Inhalt der Spritze reindrückte, merkte ich wie Zeit und Raum verschwanden. Es war nicht mehr lustig, wie bei einem Joint, es war auch nicht interessant wie bei LSD und auch nicht absehbar, wie bei irgendwelchen Schlaftabletten, nein, es war völlig anders und unbeschreiblich. Plötzlich verlor alles an Bedeutung, ein eigenartiges Kribbeln jagte durch den ganzen Körper, der Geschmack im Mund wurde ganz komisch und der ganze Körper fiel irgendwie komplett in sich selbst zusammen. Es kam mir vor wie wenn ich sterben würde gerade und mein Körper sich auf der letzten Reise befand, aber ohne dass es mich störte. Ich musste mich auch immer und immer wieder kratzen, überall und am ganzen Körper,  aber am meisten im Gesicht. Des weiteren war mir unglaublich schlecht und ich musste mich immer wieder übergeben. Aber es war mir egal, genauso wie mir alles andere egal war. Es kümmerte mich in diesem Moment nichts mehr, weder was um mich herum passierte, was gestern war, was morgen sein würde und was gerade mit mir passiert. Es war mir sowas von Scheissegal. Ich ging beim ersten Schuss den Pakt mit dem Teufel ein und es war in Ordnung für mich. Er solle meine Seele haben, wenn ich dafür dieses bis Dato unbeschreibliche Gefühl bis zu meinem Tod erleben durfte.

Es dauerte nur eine sehr kurze Zeit und meine letzten Lebensinteressen, darunter auch das sehr stark ausgeprägte Interesse an der Musik, schwanden. Meine Gedanken waren nur noch auf den nächsten Schuss fixiert. Mir war jeden Tag nur kotzschlecht und ich kratzte mich den ganzen Tag fast wund. Und ehe ich mich versah, steuerte auch ich wie von ferner Hand gelenkt durchs Leben, sofern man das noch Leben nennen konnte. Jeden Tag zog ich mit meiner Plastiktüte unter der Hand, in welcher die Utensilien zum Spritzen und etwas Geld drin waren, los und hatte nur dieses eine Ziel vor Augen: Zeug musste herangeschafft werden! Ich wohnte ja in einem Dorf, daher musste ich mit dem Bus in die Stadt fahren, denn nur dort war was zu holen. Führerschein und Auto hatte ich schon längst nicht mehr. Meine wenigen, mir verbliebenen Habseeligkeiten, machte ich in Rekordtempo zu Geld, um mir Heroin kaufen zu können. Ich hatte nichts mehr, alles ging für dieses Teufelszeug drauf. Aber ich war trotz allem noch nicht körperlich abhängig, denn es gab auch mal Tage dazwischen, wo entweder das Geld fehlte, oder einfach anderes Zeug zur Genüge vorhanden war, so dass ich mir kein Heroin besorgen musste. Das bestätigte mich auch in meinem zweifelhaften Denken, dass ich es auch jederzeit lassen könne und sicher nie einer von denen werden würde, die abhängig sind. Weit gefehlt, denn der Tag kam schneller als erwartet.

Ich war an einem Abend mal zuhause und hatte auch nichts daheim. Ich wollte mal so etwas wie einen Ruhetag einlegen, denn es ging immer und jeden Tag mit Vollgas zur Sache. Und damit war nicht nur das Heroin gemeint, nein, auch Alkohol in rauhen

Mengen und alles was mir so in die Finger kam. Daher dachte ich, ich bleibe mal einen Abend zuhause, rauche ein paar Joints und "erhole" mich von meinen Eskapaden. Plötzlich verspürte ich ein bis Dato noch nie erlebtes Ziehen, welches vom Rücken abwärts in die Beine ging. Es war anfangs wie wenn ich unter Strom gestanden hätte. Aber es kamen schlagartig noch andere Symptome hinzu. Ich wurde extrem unruhig und nervös und meine Bewegungen wurden unkontrolliert. Ich schleppte mich aufs Klo und war für eine kurze Zeit froh, wenigstens auf der Klobrille ein wenig sitzen zu können, aber auch das hielt ich nicht lange aus. Es kamen Schmerzen dazu. Stechende Schmerzen, die überall am Körper punktuell auftauchten. Und wieder musste ich auf die Klobrille sitzen, dann wieder aufstehen, nur um kurz danach wieder hinzusitzen. Irgendwas war plötzlich los und ich konnte es nicht definieren. Ich stand abermals auf und schaute in den Spiegel und erschrack vor mir selbst. Ich hatte, trotz heller Beleuchtung, tellergroße Pupillen. Ich rappelte mich zusammen und lief runter zum Telefon und rief meinen Kumpel an, ob er nicht schnell vorbei kommen könne. Ich war zu dieser Zeit meist nur mit diesem einen Kumpel unterwegs und auch er war auf "Schuggi" (von brown Sugar, also braunem Zucker, daher Schuggi umgangssprachlich) , so wie wir damals alle das Heroin nannten. Es dauerte nicht lange und er war bei mir. Er kam rein und sagte nur zu mir: "Jetzt hast du ihn, den "Affen", jetzt ist es bei dir auch soweit". Als Affen bezeichneten wir den Turkey, also die Entzugserscheinungen. Ich dachte mir bis dahin, dass es mich nie erwischen würde, da ich ja, wie bereits erwähnt, immer dachte, dass ich es im Griff hätte; ein riesengroßer Irrtum!

An vieles aus meiner Heroin-Zeit kann ich mich nicht mehr so wirklich erinnern, oder vielleicht will ich mich auch nicht mehr daran erinnern. Ich weiss nur, dass ich da in ein unendlich schwarzes und tiefes Loch zurückblicke. Meist war ich dazu noch bis zum Anschlag voll mit allen möglichen Medikamenten und Alkohol. Der viel besagte Filmriss wurde zum Alltag. Aber ich überlebte diese Zeit und fand irgendwie den Weg raus aus dem Heroin. Nicht dass ich plötzlich gescheiter wurde, nein, an allem anderen vergriff ich mich noch weiter unbekümmert, aber dem Heroin entsagte ich eines Tages. Auch muss ich zugeben, dass ich ein Meister der Täuschung war, oder mehr der Selbst-täuschung. Heroin war, nicht nur bei mir, immer die letzte und verpöhnteste Stufe auf der Drogenkarriereleiter. Und so entzog ich selbst und ließ diese eine Substanz hinter mir, aber alles an-dere war für jeden in meinem Umfeld und vor allem mich selbst OK. Natürlich versuchte ich auch den Anschein zu wahren, dass ich mich bei den anderen Substanzen auch nicht mehr so hem-mungslos vergriff und ich hatte, eine gewisse Zeit zumindest, Erfolg damit.

Ich war so um die 18 Jahre alt und bekam durch eine Aktion des Arbeitsamts, eine geförderte Arbeitsstelle im Jugendheim. Man kannte mich dort bereits und stellte mir eine einzige Bedingung und die hieß: kein Heroin mehr! Ich schaffte es auch, wie bereits erwähnt, diese Bedingung zu erfüllen. Ich kann mich noch gut erinnern, wie ich über Wochen lang gestunken habe nach dem Entzug. Ich zumindest nahm es so extrem wahr. Mir war bei Ar-beitsantritt über Wochen lang richtig übel. Ich konnte mich selbst nicht mehr riechen und es räumte mich regelrecht aus. Ich wusste damals nur eines: das musste ich nun mit mir selbst auskämpfen. Und irgendwann war auch das vorbei. In meinem Körper normalisierte sich alles, die Schmerzen und das Übel-Sein hörten langsam auf und mein Kopf wurde etwas freier. Dennoch war das noch lange nicht das Ende vom Lied, denn ab hier ging es dann erst richtig los. Nicht mehr mit Heroin, nein, mit ganz anderem Zeug, was aber nicht minder gefährlicher war.

Wenn ich heute so darüber nachdenke, wurde mir zu dieser Zeit vieles auf dem Tablett präsentiert. Ich hatte eine Arbeit, welche mir einiges an Zukunftsaussichten bieten hätte können, ich war weg vom Heroin und sogar den Führerschein hatte ich wieder einmal. Insgesamt nahmen sie mir den Lappen ganze 3 mal ab. Aus heutiger Sicht absolut gerechtfertigt. Ich wuchs in Aufgaben hinein und genoß sogar so etwas wie Vertrauen von den meisten meiner Arbeitskollegen. Es gab nichts was mir verwehrt war. Ich hatte Schlüssel zu jedem Raum, machte abends Cafe-Dienst, wo ich natürlich auch Zugriff zu der Kassa hatte und ich hatte in den meisten Geschäften Lieferscheinoption, konnte also grenzenlos auf Pump einkaufen. Ich konnte überall hingehen und auf Rechnung einkaufen. Sogar zur Bank wurde ich geschickt, mit ziemlich großen Summen Bargeld, um dieses einzuzahlen. Es gab Teambesprechungen, Supervisionen und Geschäftsbesprechungen und überall war ich dabei. Ich, der kleine Punk, der immer noch kiffte, sich ab und an Tabletten einschmiss und dem Alkohol auch noch nicht wirklich fern war. Aber ich war dabei und es gab auch eine gewisse Zeit, wo alles zu funktionieren schien. Mit meiner Einstellung ins Jugendhaus, wurde sowieso alles neu strukturiert. Auf Grund langjähriger Probleme, wurde eine komplett neue Geschäftsführung eingesetzt und fast alle Mitarbeiter ausgetauscht. Durch eine Förderung des Arbeitsamtes, wurde auch meine Anstellung möglich. Daher waren die Aufgaben klar: Neustrukturierung, Umbau, Aufbau einer brauchbaren Sozialstruktur, neue Öffnungszeiten und vielem mehr. Wir bauten sehr vieles um, vor allem den Treffpunkt unter der Woche schlechthin, das Cafe. Die Kellerdiskoparties wurden ebenfalls neu strukturiert. Die neuen Öffnungszeiten sollten sich dem eigentlich jugendlichen Publikum anpassen und die gesamte Stress-Partie wurde rausgeschmissen. Die ganzen Vereine, welche im Haus angesiedelt waren, sollten sich nun frei entfalten können, ohne Stress und ohne Übergriffe von anderen. Es gab davor richtig Krawall und jeder griff jeden an. Vereine waren zu dieser Zeit Angreifer und Angegriffene zugleich, denn die meisten unter ihnen bekamen sich regelmässig in die Haare. Ihre eigentliche Vereinstätigkeit war meist nur Nebensache. Und nun sollte alles anders werden. Und es klappte zum Teil. Wir hatten vor allem türkische und jugoslawische Vereine und sehr viele Bands, welche das Proberaumangebot nutzten. Und da ich nun ein Teil dieser Struktur war und sehr viele Freiheiten genoss, hielt ich mich auch in meiner gesamten Freizeit im Jugendhaus auf. Ich schlief auch oft dort, wenn ich nach einer durchzechten Nacht nicht mehr nach Hause wollte, aber das bekam nicht wirklich wer mit. Alles in Allem verlief es sehr gut für mich, aber ich hatte bei weitem noch nicht diese menschliche Reife, das zu realisieren. Und so begann der nächste Teufelskreis.

Nicht nur im Jugendhaus genoß ich immer mehr Vertrauen, nein, auch in meinem Umfeld. Gut, ich war immer noch der durchgeknallte Punk, der keine Möglichkeit ausließ, die Feste zu feiern wie sie fielen, aber durch meinen Selbstentzug vom Heroin und der Tatsache, dass ich eine Anstellung hatte, die auch ein regelmäßiges Einkommen bescherte, fand ich schnell mal Zugang zu Personenkreisen, die mir früher verwehrt blieben. Ich schloß eine Bekanntschaft zu einem Koksdealer, der  allgemein als sehr vorsichtig und wählerisch, was neue Kundschaft anging, galt, aber auch für seine reine Ware bekannt war. Immerhin hatte ich jetzt einen Job, somit auch Geld, ein Auto und ich genoß das Vertrauen von einigen Leuten, bei denen ich dafür bekannt war dass ich meine Klappe auch halten konnte, wenn es wirklich darauf ankam. Und so war dieser Kontakt nur noch eine Frage der Zeit. Kokain war immerhin die Edeldroge, im Gegensatz zu Heroin, was dem totalen Siff entsprach. Nun hatte ich also Geld, ein Auto um hinzufahren und den nötigen Ruf, ein "Ehrenmann" zu sein. Als Ehrenmann bezeichnete man in diesen Kreisen all jene, welche sich dadurch auszeichneten, ihre Schulden immer zu bezahlen und bei denen keine Gefahr bestand, dass sie irgendwann zu „singen" anfangen; bei denen man also nie Sorge haben musste, daß sie in polizeilichem Gewahrsam irgendwelche Namen ausplauderten. Ich fuhr also zu dieser Wohnung, deren Adresse mir kurz zuvor mitgeteilt wurde. Eine Frau öffnete mir vorsichtig die Tür, machte den obligatorischen Rundumblick ins Stiegenhaus, ob nicht doch irgendwelche Bullen dort stehen könnten und ließ mich hinein. Das war so eine gepflegte und große Wohnung, ich musste sogar die Schuhe ausziehen. Es war eine komplett andere Welt, wie ich sie zuvor kannte. Keine abgesiffte Wohnung, mit abgesifften Leuten denen alles egal war. Nein, hier war alles edel und sauber. Ich wusste, ich war in einer neuen Welt angekommen. Nach einigen Standardfragen ihrerseits, welche nachprüfen sollten, ob ich nicht doch vielleicht ein Spitzel der Bullen wäre, oder sonst irgendwie fragwürdig, wurde ER herausgerufen. Ich kannte ihn vom Gesicht her, wusste aber immer schon, dass er als unantastbar galt. Mir wurde schnell bewusst, dass in dieser Szene nichts mehr ist mit "Hast du was", nein, hier musste zuerst mal Smalltalk geführt werden. Es wurde über alles andere geredet, nur nicht über das eigentliche Thema. Das war übrigens in der Kokserszene auch in weiterer Folge immer so; über das Eigentliche wurde nie gesprochen, das wurde erst am Schluss, wie Selbstverständlich abgewickelt. Die Themen waren so belanglos, wie Geduldstrapazierend. Dennoch wurde, aus einer plötzlichen Selbstverständlichkeit heraus, eine gute "Probiermenge" vom begehrten weissen Pulver offeriert. Die Geduld und der Smalltalk hatten sich gelohnt. Es war das beste und reinste Zeug, welches ich je in meinem Leben zu Gesicht bekam. Hier schmeckte nichts nach Traubenzucker, nichts nach irgendwelchen Putzmitteln, oder gar mehlig. Nein, hier lag das reinste und weisseste Zeugs vor mir, das ich je gesehen hatte. Die "kleine Probiermenge" war schon eine Dimension, für welche andere richtig Geld bezahlen hätten müssen. Ich kaufte natürlich eine nicht unerhebliche Menge und ging wieder. Kurz bevor ich zur Türe rausging, gab er mir noch den Tipp: "Besser ist es, wenn du es auflöst und dir spritzt". Er gab mir noch ein Spritze mit, natürlich eine saubere und frisch verpackte und ich fuhr wieder weg. Nach Hause konnte und wollte ich nicht, statt dessen ging ich dort hin, wo ich fast immer war, ins Jugendhaus. Ich hatte die Schlüssel zu jedem Raum und wusste wo ich ungestört wäre. Ich hatte ein kleines Hausmeisterlager, hinter dem jugoslawischen Verein. Ich ging durch ihre Räumlichkeiten, alle begrüßten mich sehr nett und ich verkroch mich in meinem Lager / meiner Werkstatt. Ich war sehr nervös und öffnete das erste Brieflein mit dem Koks. Ich löste es im Wasser auf und zog es durch einen Zigarettenfilter auf. Danach spritzte ich es mir und machte einen Kopfstand. Das war beim Koksspritzen so üblich, dadurch knallte es direkt in den Kopf. Es war ein sehr kurzes, aber unbeschreibliches Gefühl. Durch meinen Kopfstand wurde es noch um einiges verstärkt. Ich spritzte es mir rein, es "knallte" unglaublich und ich hatte nach einer viertel Stunde den unbeschreiblichen Drang, mir mehr davon zu spritzen. Wenn ich so darüber nachdenke, empfinde ich bis zum heutigen Tag, daß Kokain das Gift war, welches das stärkste Suchtpotential hatte. Ich konnte nicht mehr loslassen von diesem Zeug. Es war nicht wie beim Heroin, wo ich meinen Tagesspiegel dringend brauchte, nein, ich hatte ein unglaubliches Verlangen danach und zwar jede viertel Stunde! Ich war plötzlich wer, ich fühlte mich unbeschreiblich stark, unantastbar und voller Energie. Dieses weisse Pulver war das exakte Gegenteil vom Heroin. Das Heroin vermittelte mir: "Ich gebe auf, ich will nicht mehr leben", das Kokain vermittelte mir genau das Gegenteil! Ab diesem Zeitpunkt veränderte sich mein Leben dramatisch und ging richtig den Bach runter.

Schlagartig veränderte sich auch mein Umfeld, denn ich war kein Junkie mehr. Das weisse Pulver konsumierten hauptsächlich Leute aus dem Millieu. Hier hing keiner in abgefuckter Kleidung rum und jammerte über das Leben. Nein, wer das Zeug nahm, hatte meist auch seine Geschäfte laufen, sein Goldketterl um den Hals und manch einer zeigte seinen Status auch durch gute Kleidung. Diese gepflegte Selbstdarstellung sollte aber nicht von der Tatsache ablenken, dass hier auch wirklich gefährliche Leute darunter waren, welche in manchen Dingen absolut keinen Spass verstanden. Keine die nur Böse gucken konnten, oder sich durch eine große Klappe profilierten, nein, eher das Gegenteil war der Fall. Die, die am wenigsten redeten, waren auch die, die wirklich etwas ausrichten konnten und denen man mit einer gewissen Vorsicht entgegentreten musste . Es wurde nie geredet, über Geschäfte, Drogen, oder ähnliches, es wurde gelacht, gesoffen und man lud sich gegenseitig auf die ein oder andere Line ein. Es kamen keine kleinen Mengen ins Spiel, hier wurden die Säckchen auf den Tisch gelegt. Irgendwelches gestrecktes, dreckiges Zeug hatte niemand, hier gab es nur Ware vom Feinsten. Darüber reden, bedeutete den sofortigen Ausschluss aus dieser selbsternannten Creme de la Creme. Hin und wieder kam das ein oder andere Mädchen vorbei und lieferte ihr Geld beim ein oder anderen ab. Und hin und wieder gab es auch Streit, meist über irgendwelche Gebietsverletzungen der Mädchen, oder geplatzte Drogendeals. Aber so etwas bekam ich auch nur im vorbeigehen mit, da diese Leute ihre Angelegenheiten meistens im Hintergrund klärten, oder klären liessen. Und wenn ich es mal mitbekam, dann sah ich was wirkliche Brutalität war. Mir ging es nur um das Koks und ich glaubte mich wohl zu fühlen, unter meinen neuen Freuden. Aber sie wussten genau so wie ich, daß ich nie einer von ihnen werden würde. Mir fehlte dieser falsche Charme, mit dem man Frauen um den Finger wickeln musste, um sie willig und gefügig zu machen. Mir fehlte es aber auch an der nötigen Portion Brutalität, die man brauchte, um sich in diesem Milieu durchzusetzen. Und mir fehlte es auch damals schon an der Eigenschaft mich strengen Hierarchien unterzuordnen. Letzteres war ein absolutes Muss, ansonsten fasste man keinen Fuss in dieser Szene. Auch wenn mir vieles in meinem Leben zu dieser Zeit vollkommen egal war, spürte ich schon damals, dass ich in keinster Weise geeignet und geschaffen war, mich im Milieu zu etablieren. Um diese fehlende „Härte" bin ich bis heute froh. Es dauerte Jahre, bis ich die Einsicht erlangte, dass sich aus dieser fehlenden „Härte" von damals, ein gesunder Respekt vor den Menschen entwickelte, über den ich heute sehr froh bin! Was ich an Menschenverachtung, Brutalität und Elend sah, ist mir heute noch gut in Erinnerung. Und daher war ich damals eigentlich schon ganz froh darüber – wenn auch noch nicht so bewusst - dass ich mir kurze Zeit später dann auch die Freundschaft zu meinen Kokserfreunden aus dem Milieu kräftig vertan habe. Eines Tages war nämlich, wie jeden Tag High Life angesagt. Ich wohnte zu der Zeit über dem wohl veruchtesten Cafe der Stadt. Dieses Cafe galt allgemein als Umschlagplatz und Treffpunkt der Zuhälter. Zu dieser Zeit arbeitete ich in dem Cafe und wohnte wie bereits erwähnt, genau einen Stock darüber. Die Wohnung und das Cafe gehörten fast schon untrennbar zusammen. Wer oben wohnte, hatte es geschafft. Geschafft im Sinne von Anerkennung seitens des Millieus. Wenn das Cafe spät Nachts Sperrstunde hatte, ging die Party oben weiter. Ich ging jeden Tag schlafen wenn es hell wurde und stand wieder auf, wenn ich das Cafe aufsperren musste, was meist so gegen 16:00 Uhr war. Jeder Tag war geprägt von harten Drogen, unendlich viel Alkohol, von Schlägereien und Schiessereien im Cafe und von einer Berg- und Talfahrt, wo ich mich heute noch wundere, daß ich das überhaupt überlebt habe. Meinen Job im Jugendhaus gab ich auf, da ich ja nun in diesem Cafe arbeitete. Es ging alles so furchtbar schnell, dieser Absturz und der freie Fall ins Nichts. Ich meinte damals wohl es wäre ein Aufstieg, statt dessen war es der absolute Zerfall meiner Selbst. Und an einem dieser immer extremer werdenden Tage, an denen  wieder mal Party bis zum Umfallen angesagt war, beklaute ich in meinem Drogenrausch, einen dieser Leute. Ich stahl sein gesamtes Kleingeld und ein paar Packungen Zigaretten. Und das reichte auch. Ab diesem Tag war ich nicht mehr existent für diese Leute und keiner wollte mit mir noch etwas zu tun haben. Der Ehrenkodex schien zu greifen. All diese Türen, welche sich mir auftaten, wo ich meinte, ich wäre nun dabei und im heiligen Kreis gelandet, all das war mit einem Male weg. Ich sah niemand mehr und wenn, dann wurde nicht mehr mit mir geredet. Alle Connections waren ebenfalls weg und es gab kein weißes Pulver mehr für mich. Und ich konnte mich im Nachhinein gesehen eigentlich sehr glücklich schätzen, daß es nur bei dem blieb, denn ich war ja nicht nur verpöhnt, sondern auch vogelfrei und das hätte saftig ins Auge gehen können. Denn ich hatte mich schon mit einigen gefährlichen Leuten eingelassen, welche dafür bekannt waren, Probleme einfach und schnell zu lösen. Aber wahrscheinlich war ich nur ein eher unbedeutendes Problem für sie, da ich mich mit einer solchen Lapalie, wie dem

Klauen von Kleingeld und Zigaretten, selbst in die Bedeutungslosigkeit katapultierte. Auch wenn ich damals alles falsch gemacht hatte und durch meinen Drogenkonsum sogar zum Dieb wurde, bin ich heute froh darüber wie es sich entwickelte. Im Nachhinein gesehen, machte ich unbewusst genau das richtige, denn ich wäre nie und nimmer der Mensch gewesen, der in dieses Millieu gepasst hätte. Ich hatte irgendwie einen Schutzengel, der mich vor diesem menschenverachtenden Sumpf beschützte. Das vorletzte Kapitel in diesem Elend war somit nun auch geschrieben.

Das letzte Kapitel begann dann mit der Technozeit. Nun war sie da, diese neue Musik, nur elektronisch fabriziert und mit ihrem antreibenden Beat. Zuerst konnte ich absolut nichts damit anfangen, erst als mit dieser Technowelle eine ganze Flut an neuen Drogen daherkam,  die sogenannten Designerdrogen. Vor allem eine neue Substanz namens Extasy zog die Leute in ihren Bann. Es war ein Teufelszeug, von bis Dato noch nicht gekannter Wirkung. Es war intensiver wie Kokain und vor allem langandauernd. Stundenlang wirkte es. Es verschaffte Glücksgefühle, welche nie zu enden schienen und durch den beigemischten Speed hatte man das Gefühl unendliche Lebensenergie zu haben. So kam es einem zumindest vor. Und dann dieser bis Dato noch nie gekannte Preis. Um 100.- Schilling hatte man anfangs schon ausgesorgt, ein Bruchteil dessen was man früher brauchte. Und dann die Leute. Jeder fuhr plötzlich auf diese Musik ab – und im gleichen Atemzug auch auf diese neue Droge. Früher sah man sie noch unter den Rockern, den Mods, den Poppern, den Rockabillies, aber auch unter den Skinheads. Und plötzlich traf man so viele dieser Leute in den Technotempeln. All ihre Einstellungen und Ausrichtungen legten sie nieder, nur um in dieser riesengroßen Welle mitzuschwimmen. Love, Peace and Techno.

Die Technotempel schossen aus dem Boden, wie Pilze nach einem Regentag. Jeder der ein Auto besaß, stopfte sich den Kofferraum mit Subwoofern zu, einer größer und lauter als der andere. Vor jedem Technotempel war schon Party auf dem Parkplatz angesagt. Es war eine Welle, wie ich sie in diesem Ausmaß noch nie erlebt hatte und auch in so einer Form nie mehr erlebte. Es gab die großen Tempel, in denen wurde das ganze bekannte und komerzielle Zeug gespielt. Und es gab die kleineren Clubs, in denen ich mich regelmäßig aufhielt. Diese hatten offen bis der Tag anbrach, danach ging es weiter zur nächsten Party. Drei Tage am Stück durchmachen war keine Seltenheit, MDMA, also Extasy machte es möglich. Und dazu der Sound, Hämmernd, stupide simpel, antreibend und sphärisch. Ich mochte diesen, etwas härteren Clubsound, bis hin zu Hardcoretechno. Überall und auf jedem Parkplatz vor einem dieser Clubs, formierten sich Menschenmassen. Kofferraumdeckel auf und Party volle Kanne. In den Clubs ging es nicht minder zur Sache. Egal ob wer tanzen konnte oder nicht, es war für jeden Platz und Raum, es gab schließlich keinerlei Normen, denn es war alles neu und es kamen immer mehr Menschen dazu. Und dann noch dieses Extasy. Jeder war plötzlich im Liebesrausch. Es gab keine Streitereien, keinen Unmut, oder sonstiges, denn jeder mochte jeden und jeder fühlte sich als Teil des Ganzen. Eine gewisse Zeit zumindest, bis sich alles umdrehte - wie ich dann in erschreckender Weise auch an mir feststellen musste. Das grosse Erwachen aus diesem Liebesrausch war fatal. Es verging nicht viel Zeit und ich hatte schon längst nicht mehr mit ein oder zwei dieser Tabletten genug. Nein, es wurden immer mehr. Dazu noch all die Sorten von neuem Speed, der auf den Markt kam. Das Leben am Limit war längst überschritten. Tag und Nacht nur noch diesen schnellen, hämmernden Beat im Kopf und dazu Unmengen an Speed und Extasy. Wenn ich heute so an meine fehlende Herzklappe denke, wo jede einzelne dieser Tabletten damals meinen Tod bedeuten hätte können, hatte ich schon mehr als nur pures Glück, dass ich das alles überlebt habe. Doch in dieser Zeit überholte ich mich selbst. Ich kam nicht mehr mit, alles passierte schnell und zog an mir vorbei, so daß es mein Verstand gar nie realisieren hätte können. Ich schluckte dieses Teufelszeug nun fast täglich in rauhen Mengen. Bis zu diesem einen Tag, als ich mich ein Bekannter mit seinem Auto mitnahm, denn ich hatte da selbst schon lange keines mehr und mein Führerschein war schon zum dritten Male weg. Eben jener Bekannte schlug auch gerne mal über die Strenge und feierte die Feste exzessiv und ausgiebig. Aber er arbeitete zumindest noch und das schien ihm den nötigen Halt zu geben, um nicht ganz abzurutschen. Wir fuhren also den Weg entlang und er wandte sich ungewöhnlich ernst an mich und meinte: "Jim, schau was aus dir geworden ist". Er erläuterte mir, in einer fast schon brutalen Offenheit, daß ich alles andere als dumm wäre und es sehr wohl noch ein anderes Leben da draußen gäbe, als dieses exzessive und elendige  Drogenleben. Immer wieder ermahnte er mich: „Genügend Leute die wir kannten, mussten ihr Leben lassen wegen den Drogen, aber du lebst immer noch. Gibt dir das nicht zu denken? Ob das nicht ein Wink des Schicksals sein könnte, weil das Leben noch etwas mit dir vor hat?". Diese Worte hörte ich zugegebenerweise schon öfter von Leuten, aber dennoch blieben mir die Worte aus seinem Mund hängen. Ich saß neben ihm, nur noch ein Wrack und ein Schatten meiner selbst, hatte nichts mehr und konnte auf nichts stolz sein. Seine Worte trafen mich sehr und ich werde seinen eindringlichen Blick dabei nie mehr vergessen. Für mich war das, im Nachhinein gesehen, der Startpunkt in ein neues Leben. Aber noch war es ja nicht vorbei, denn dieses Gespräch alleine hätte mich noch nicht zur Vernunft bringen können. Es mussten noch einige Dinge passieren und ein wenig Zeit vergehen, bis ich endlich meinen Entschluss fasste: "Jetzt ist Schluss damit und ich beginne ein neues Leben!". Und so wurde ich erst noch richtig vermöbelt, einer brach mir die Nase und die Leute mit denen ich mich am Schluss einließ, verstanden auch keinen Spass mehr. Alles in Allem wurde mein Entschluss, ein neues Leben anzufangen, noch von vielen kleinen Gegebenheiten geprägt, welche mir in Summe eines Tages die Augen öffneten. Und so marschierte ich eines Tages zu Fuss los und zwar in die neuerrichtete Therapiestation, welche sich einige Kilometer von meinem zuhause befand. Ich lief alle diese Kilometer, nur um bei der Türe reinzugehen und zu sagen: "Jetzt bin ich hier, ich kann nicht mehr". Die Mitarbeiter und Therapeuten dieser Einrichtung waren doch sehr verdutzt, da sich im Normalfall alle ihre Klienten auf richterliche Anordnung auf Therapie befanden. Und nun stand da freiwillig ein Wrack an Mensch, und sagt dass er auf Therapie möchte. Ich meinte es ernst – bitterernst! Und diesen Ernst der Lage nahmen sie mir auch ab und es dauerte nicht lange und ich durfte dort auf Therapie gehen, als einziger Freiwilliger zu der Zeit, wohlgemerkt. Die Geschichte war zwar noch lange nicht ausgestanden, aber der erste Schritt in ein neues Leben war getan und diese schrecklichen Jahre hatten Gott sei Dank ein Ende! Aber dazu mehr im nächsten Kapitel.

## Anmerkung zum vorangegangenen Kapitel

Ich habe dieses Kapitel mit Absicht verkürzt dargegeben, da ich diese Zeit keinesfalls stilisieren, oder gar glorreich hervorheben wollte. Um es auf den Punkt zu bringen, es war eine scheiss Zeit! Natürlich war nicht alles nur schlecht, denn wäre es das gewesen, hätte sicher nie ein Einstieg in die Drogenszene stattgefunden. Der Umkehrschluss war der selbe. Hätte es nicht eines Tages zu massiven Problemen geführt, was wäre dann die Motivation gewesen aufzuhören? Es passierten in dieser Zeit so enorm viele Dinge, es gab zwar sicher auch mal gute Momente, aber auch leider viele tragische, wobei letzteres eindeutig überwiegte. Auch möchte ich hiermit Abstand nehmen von dieser eigenartigen „Gangster-Style"-Haltung, in dem ich mich mit meiner Erzählung  heroisch in Szene setze und mich brüste mit der harten Schule des Lebens, die ich durchleben musste. Im Gegenteil, ich hätte auch ganz gut auf diese Zeit verzichten können, das hätte mir sicher einiges erspart. Aber es ist nun mal ein Teil von meiner Lebensgeschichte geworden, auf den ich zwar nicht gerade stolz bin, aber der zu mir gehört und aus dem ich sehr viele Lehren gezogen habe. Ich benötigte viele Jahre um aus diesem Schlamassel raus zu kommen. Genau genommen war ich zwei mal auf einer Drogentherapie. Einmal auf einer Art Kurzzeittherapie, bei der sie mich nach ein paar Monaten rausschmissen, da ich rückfällig wurde. Bei der zweiten Therapie brach ich dann alle Zelte ab und brach auf ins Ungewisse. Ich verließ meine Heimatstadt, da ich mir damals schon bewusst war, dass ich das nur schaffen und hinter mich bringen konnte, wenn ich auch den örtlichen Abstand dazu hatte. Ein neues Leben wollte ich mir aufbauen und das ging nunmal nur, wenn ich das auch in einer mir komplett fremden Umgebung realisieren konnte. Ich machte in meiner Heimat den Entzug, der ja die Voraussetzung für den Antritt der Therapie bildete und verließ das Land. Ich ließ alles hinter mir, vernichtete vor meiner Abreise alles an Drogen, welche ich noch in meinem Besitz hatte und packte das wenige, welches mir geblieben war, zusammen und ging. Mein ganzes Besitztum beschränkte sich auf ein paar wenige Unterhosen und eine Gitarre. Und hier sind wir bei der Gitarre, welche ich als Kind bekam. Diese Gitarre verkaufte ich natürlich auch schon sehr früh für irgendwelche Drogen, aber genau in dieser Zeit, bevor ich auf Therapie ging, erreichte mich ein Brief aus dem Gefängnis, von einem früheren Bekannten. Ich hatte ihn ewig nicht mehr gesehen, aber er schrieb mir einen recht verzweifelten Brief, dass er nun im Gefängnis sitze und Geld benötigte. Daher würde er mir eben diese Gitarre anbieten, wenn ich ihm 100.- Schilling zukommen ließe. Ich lieh mir das Geld aus und fuhr zu seiner Mutter. Wir machten den Deal, ich bekam die Gitarre und sie ließ ihm die 100.- Schilling zukommen. Es war fast schon ein Zeichen, ein Omen, denn diese Gitarre war genau die jenige, welche ich damals als Kind zu Weihnachten bekam, also meine allererste E-Gitarre. Fast schon unglaublich, durch wie viele Hände diese Gitarre gegangen sein musste, wieviele Junkies sie wohl getauscht haben, gegen ein Päckchen Pulver. Noch unglaublicher war die Tatsache, dass eben genau diese jene Gitarre wieder bei mir landete.

Diesesmal ging ich in der vollsten Überzeugung, dass ich nun all diesen Schmutz, dieses Leid und diese extreme Zeit hinter mir lassen würde. Was ich auch dann erfolgreich verwirklichte. Auf Entzug wurde ich von einem Therapeuten gefragt, was ich denn mit meinem späteren, Drogenfreien Leben anfangen wolle und ich antwortete ihm: "Ich weiss nur eines, ich werde Musik machen!". Er sah mich darauf hin etwas milde lächelnd an und ich merkte, dass es für ihn absolut unrealistisch anmutete, aber ich stand zu meinem wagen Vorhaben, war es doch der einzigste Rettungsanker den ich in meiner Zukunftsvorstellung hatte. Auch wenn mein Erfolg als Musiker in den späteren Jahren doch sehr zu wünschen übrig ließ, kann ich bis zum heutigen Tag von einem großen Erfolg für mich als Mensch sprechen. Gut, ich habe mich einige Jahre als Musiker mehr schlecht als recht durchgekämpft, aber die Musik rettete mir mein Leben und der Glaube an die Musik, war zugleich der Glaube an mich selbst. Ich hatte somit etwas ganz, ganz wertvolles und mir war schnell bewusst, dass das nicht jeder hatte. Auch wenn das damals ersehnte Rockstarleben eher im Bereich des vollkommen Unrealistischen blieb, führte mich eben dieser Glaube an die Musik vom Drogenleben weg, hinein in ein interessantes, Hoffnungsvolles und vor allem abstinentes  Leben. Schon allein aus diesem Aspekt gesehen, ging die Rechnung vollends auf.


Materiellen Besitz hatte ich gar keinen mehr, bis auf meine Gitarre. Ebenso wenig hatte ich die Gabe Dinge zu spüren und realistisch einzuschätzen, denn meine Gefühlswelt war schon lange nicht mehr existent . Aber zu dem Zeitpunkt, als ich meine Zelte abbrach und mich auf den Weg in Richtung zweite Therapie machte, spürte ich plötzlich wieder etwas. Und zwar dieses ganz starke Gefühl, dass diese katastrophale Zeit ein Ende nahm. Mit dieser "Eingebung", psychisch und körperlich gebeutelt von all den Jahren, ging ich nun zuerst auf Entzug. Dieser Entzug war die Grundlage für meine Therapie, welche ich dann in Tirol machte. Dementsprechend ernst nahm ich die Angelegenheit dann auch, denn ich wollte weg, weg von dieser Zeit, weg von den Drogen, weg aus meiner Heimat. Aber dazu später mehr.

Des weiteren möchte ich in diesem Kapitel auch mit einem weit verbreiteten Gerücht aufräumen, einem Gerücht, dass zumindest bei mir so nicht zutreffen sollte. Es sind mit heutigem Zeitpunkt über 20 Jahre vergangen, seit meiner Drogenzeit und ich zucke schon lange nicht mehr zusammen, wenn ich mir beispielsweise einen Film über diese Thematik anschaue, oder Menschen sehe, welche aus meinem damaligen Umfeld stammen könnten. Genauso wenig muss ich mich schon lange nicht mehr am Riemen reißen, um meine Suchtgedanken unter Kontrolle zu wähnen. Mich quälen auch schon seit Jahren, mittlerweile Jahrzehnten, auch keine Suchtreize. Und warum? Weil ich einen sehr wichtigen Aspekt gelernt habe: Ich konnte dieses Thema schlicht und einfach abhaken! Haken drunter, Thema erledigt, willkommen im neuen Leben, mit all seinen interessanten Seiten. Klingt unglaublich einfach und simpel, ist es auch, aber es brauchte ein Verinnerlichen dieser Erkenntnis, was auch seine

Zeit in Anspruch nahm. Ich bin mir durchaus bewusst, dass ich ein ganz seltenes Glück hatte. Dieses Glück nannte sich Interesse. Mich interessierten so viele Dinge. Ich wollte plötzlich alles mögliche und unmögliche wissen und können. Und da ich immer schon ein Mann der Tat war, setzte ich alle diese Dinge in die Tat um. Meistens ohne viel darüber nachzudenken. Ich begann in der Therapie beispielsweise sofort mit dem Tischlern meiner Zimmereinrichtung. Ich hatte keine Ahnung von Holz und den dazugehörigen Maschinen, aber ich machte es voller Tatendrang und Interesse. Gut, ich ließ mir trotz meiner Unwissenheit auch von niemand gerne dreinquatschen, denn ich wusste schon damals, dass ich es mir am besten selbst beibringen konnte. "Learning by doing", damals, wie auch heute noch mein Motto. Genauso schnell begann ich mich für Elektronik zu interessieren. Ich hatte keinen Plan von dem Ganzen, aber ich versuchte so gleich alles zu reparieren. Das vieles dadurch erst wirklich Reparaturbedürftig wurde, ist ein anderes Kapitel. Es war einfach dieses unbändige Interesse an allem Möglichen, welches mir dann schlussendlich und über einen längeren Zeitraum betrachtet, aus meiner Suchtproblematik half. Als ich auf Therapie war, gab es einen nicht ganz unbeträchtlichen Teil an Mit-Klienten, welche am meisten in ihrem Desinteresse gefangen waren. Sie saßen oft den ganzen Tag herum, rauchten eine nach der anderen und wurden nur aktiv, wenn man es ihnen vorgab. Es gab natürlich verpflichtende Dienste auf der Therapie, wie zum Beispiel den Küchendienst, usw., aber aus Eigenmotivation und Eigeninteresse schafften es die wenigsten, einen Weg in den Alltag zu finden. Und genau diese Antriebslosigkeit vieler anderen, war für mich ein Anstoß, mich für Dinge zu interessieren und sie dann auch zu machen. Denn ich erkannte als bald, daß ich hier etwas sehr wertvolles inne hatte, nämlich die Fähigkeit mich für das Leben zu interessieren. Irgendwann war mein Leben und meine Gedankenwelt, von so vielen anderen Sachen "überlagert", daß dieses Suchtverlangen ganz weit nach hinten rückte. Auch heute bin ich noch der vollkommenen Überzeugung, dass Interessen und Bildung nicht nur die beste Grundlage sind, um der Suchtproblematik die Stirn zu bieten, sonder auch die besten Grundlagen für das Leben allgemein bilden. Wie sollte man denn seine Gedanken und sein Leben frei bekommen von derart massiven Problemen, wenn man sonst keinerlei Interessen für irgendetwas anderes im Leben entwickelt? So wird das Problem immer dominant bleiben und meist als einzige Zuflucht im Leben gesehen. Ich hatte aber dieses enorme Glück, ein interessierter und neugieriger Mensch zu sein und für das bin ich bis heute unendlich dankbar.

Ich hatte ebenso das seltene Glück, gesund aus dieser Nummer rauszukommen. Fast alle mit denen ich auf Therapie war, hatte Zahnprobleme, sofern sie überhaupt noch so etwas wie Zähne im Mund hatten. Viele, oder fast alle, hatten mindestens die Hepatitis und einige waren HIV-Positiv, oder hatten sogar schon AIDS. Leber- und Nierenprobleme waren ebenfalls an der Tagesordnung, genau so wie kaputte und vernarbte Venen, um hier nur einen kleinen Auszug der Folgeschäden aufzuzählen. Von fast all diesen Schädigungen war ich nicht betroffen. Ich hatte wohl, trotz meiner Unsportlichkeit, eine gute Grundsubstanz. Ich besaß noch alle Zähne, obwohl ich sie suchtbedingt Jahre nicht mehr pflegte. Meine Leberwerte waren zwar katastrophal, dennoch erholten sich diese Werte binnen kürzester Zeit. Ich blieb auch, Gott sei Dank, von den Standardinfektionen, wie zum Beispiel Hepatitis und HIV, verschont. Und das, obwohl ich genau so gebrauchte Spritzen nahm, am Ende meiner Junkie-Zeit. Ich hatte schon ein Wahnsinns Glück!!! Die einzigen Beschwerden, welche ich als Folgeschäden erkannte, waren extreme Flashbacks, schlimmes Asthma und allergische Schocks, welche immer öfter daher kamen und auch schon einen Herzstillstand verursachten. Die Flashbacks kamen durch meinen übertriebenen LSD-Konsum. Ich hatte lange mit diesen "Ablagerungen" zu kämpfen und es stieg immer wieder auf. Aus heiterem Himmel spürte ich immer wieder einen LSD-Schub. Ich musste mich meist irgendwo festhalten und es schnürte mir die Luft kurzzeitig ab. Das machte mir sehr große Angst, denn eines der schlimmsten Sachen wäre für mich der Verlust des Verstands gewesen. Es dauerte sicher 4 Jahre, bis ich merkte, dass diese Flashbacks immer mehr und mehr zurückgingen und die zeitlichen Abstände größer wurden, bis ich eines Tages gar keine dieser Schübe mehr spürte. Des weiteren hatte ich mit allergischen Schocks zu kämpfen. Mein gesamter Körper schwoll innerhalb von 20 Minuten komplett an, ich sah aus wie ein völlig gealterter Teletubbie. Es fing immer mit so einem ganz eigenartigen Juckreiz im Nacken an. Ab diesem Zeitpunkt wusste ich, daß es Zeit wird mein Medikament zu nehmen, was aber keinesfalls ein Garant dafür war, daß der allergische Schock nicht ausbricht. In einigen Fällen konnte dieses Medikament ein Abklingen herbeirufen, aber in den meistens war es ein Wettlauf gegen die Zeit, da auch die Medikation nichts brachte. Ich hatte immer ziemlich genau 20 Minuten Zeit, ein Krankenhaus aufzusuchen. Dort spritzten sie mir einiges an Medikamenten rein und wenn ich Glück hatte, ging die Schwellung als bald zurück. Wenn nicht, kam das Übliche: Kreislaufversagen, Zusammenbruch und auch schon der erwähnte Herzstillstand. Aber auch dieses Leiden stellte sich im Laufe von vielen Jahren nach und nach ein. Medizinisch wurde nie eine direkte Ursache dafür gefunden, mir kam jedoch mit der Zeit der Gedanke, daß es eine logische Folge meines jahrelangen Drogenkonsums sein musste. Ich pumpte über Jahre den größten Dreck in meinen Körper. Ganz klar, dass sich das Zeug ablagerte und irgendwann auch wieder raus wollte  aus meinem Körper. Am längsten jedoch hatte ich mit Asthma zu kämpfen. Luft plötzlich weg = Klinik Notaufnahme! Immer das selbe Prozedere. Ich muss vorwegschicken, daß die Therapie, auf der ich mich befand, hoch oben auf einem Berg war, also das nächste Krankenhaus auch nicht gerade ums Eck war. Daher mussten mich Betreuer in regelmäßigen Abständen vom Berg runter, ins Krankenhaus bringen. Und es pressierte immer! Luft weg; Panik; Betreuer rufen (lassen); rein ins Auto; runter in die Notaufnahme, Spritzen, Infusionen; beten und hoffen. Nach einiger Zeit in der Notfallambulanz, beruhigte sich die gesundheitliche Situation wieder und ich schwor mir jedes mal danach: ich rauche nie wieder auch nur eine Zigarette. Gesagt, aber leider nie getan. Kaum 2-3 Stunden später, alles war vergessen, qualmte ich schon wieder wie ein Schlot. Es dauerte aber in der Regel meist nur ein paar wenige Tage, bis sich dieses Spiel wiederholte. Erst viel später, erkannte ich, daß mein Asthma hauptsächlich psychosomatische Gründe hatte. Stress, ungute Lebenssituationen und Sorgen, schnürten mir die Kehle zu. Heute, fast 20 Jahre später, habe ich immer noch einen Notfall-Asthmaspray bei mir, den ich aber äußerst selten benötige. Trotzdem, hin und wieder brauch ich ihn und ich fühl mich einfach sicherer, wenn ich den Inhalator dabei habe.

Im Gegensatz zu vielen, besser gesagt zu den meisten, kam ich ganz gut davon mit meiner Gesundheit. Die eben erwähnten Leiden waren zwar alles andere als lustig, aber genau genommen kam ich mehr als glimpflich davon. Dennoch hatte ich viele, viele Jahre später, mit 37 Jahren einen Schlaganfall. Gut, dieser konnte sicher nicht mehr als Nachwirkung aus meiner Drogenzeit gesehen werden, denn mein Körper hatte sich bis zu diesem Zeitpunkt, sicher schon mehrfach erneuert. Aber bei besagtem Schlaganfall, stellte sich heraus, dass mir von Geburt an eine Herzklappe fehlte. Obwohl ich meine Drogenzeit schon lange Ad Acta gelegt hatte, musste ich oft an diese Zeit denken. Denn es stellte sich heraus, daß mein Herz durch die fehlende Klappe, natürlich nicht so Leistungsfähig war, wie ein normal entwickeltes Herz. Das heißt im Klartext: jede Line Kokain, jede Extasy-Tablette und jeder Speed, in welcher Form auch immer, hätte den sofortigen Tod zur Folge haben können. Jede dieser Substanzen war eine Art russisches Roulette. Ich war ein unverbesserlicher Kokser. Alles was putschte, wurde mir in den letzten Jahren meiner Drogenzeit zum Verhängnis. Und jede einzelne

Verabreichung hätte mir genau genommen zum entgültigen Verhängnis werden können. Betrachtet man die Tatsache, daß auch mein Schlaganfall recht glimpflich verlief und kaum Folgeschäden hinterließ, so kann ich von einem unendlichen und mehrfachen Glück sprechen. Die besagten neun Leben, habe ich wohl mehrfach schon in Anspruch genommen und bin froh, daß ich heute immer noch lebe und mein Leben lebenswert genießen darf.

Mein Schlusswort zu diesem Kapitel, soll nun kein plumper, nichtssagender Aufruf werden, wie: "Sag nein zu Drogen", oder ähnlich plaktiven Kurzstatements. Nein, es ist mir einfach ein großes Anliegen, abschließend folgendes noch los zu werden. Dieses Zeug ist kein Spass und ich musste selbst erfahren, daß aus einer relativ kurzen Probierphase, bitterer Ernst daraus wurde. Dieser unendliche Stress dominiert plötzlich das Leben. Stress, das Zeug aufzustellen, Tag für Tag. Stress den man hat, weil man vielen Leuten Geld schuldet. Stress, weil man sich mit den falschen Leuten eingelassen hat. Stress, weil der Körper das Zeug verlangt und seinem Verlangen mit extremsten Schmerzen Nachdruck verleiht. Da heisst es: Rennen, Tagtäglich! Dieses unsagbare Leid, welches man sich selbst und seinem gesamten Umkreis zufügt. Man beraubt sich selbst seiner Seele und merkt gar nicht, wie schnell man zum Schatten seiner selbst wird. Alles ist weg, Besitz, Gefühle, Intellekt, Freunde und Freiheit. Ich habe ebenso ein Stück Freiheit gesucht, aber nicht bemerkt, daß ich mich damit um eben jene beraube. Die Freiheit über sich selbst entscheiden zu können, mag für viele selbstverständlich sein, aber mit der Entscheidung Gift zu nehmen, entledigt man sich jeglicher Entscheidungsfreiheit. Denn irgendwann, schneller als man denkt, entscheiden andere für einen. Der Arzt, die Therapeuten, die Polizei, die Apotheker, das Sozialamt, die Sozialarbeiter,...ein jeder, nur nicht mehr man selber! Und ja, es wäre gelogen, zu behaupten, daß es keinen Spass gemacht hat anfangs. Wie haben wir gelacht bei der anfänglichen Kifferei und Sauferei. Wie fühlten wir uns alle unglaublich stark und unantastbar, wenn wir uns Koks reinzogen. Wie haben wir alle abgetanzt, Tagelang, wenn wir uns die Extasys reinpfiffen, als gäbe es kein Morgen mehr. Wir fühlten uns alle als etwas ganz besonderes und uns musste keiner mehr die Welt erklären, denn wir wussten schon alles, obwohl wir im Grunde nicht mal die Essenz des Lebens begriffen. Ja, es wäre gelogen, wenn ich auf Grund dieser Tatsachen behaupte, es war alles vom ersten Tage an schlecht. Aber genau diesen anfänglich so sorglosen Umgang damit, macht dieses Zeug so ungemein gefährlich. Denn ehe man sich versieht, gerät man in einen Strudel von unsagbarem Leid; und wir reden hier nicht nur von ein paar Problemchen, welch halt hinzukommen, nein hier geht es dann schneller als man denkt, ums nackte Überleben. Und nicht viele, eigentlich nur ganz wenige überleben das dann auch wirklich. Ich sah viele sterben. Das Zeug hat viele meiner damaligen Bekannten in kürzester Zeit dahingerafft. Meist in der Blüte ihres Lebens, in der Jugend. Überdosis und vorbei war es mit dem jungen Leben. Und heute darf ich mich, als einer dieser ganz wenigen Leute, an einem guten und zufriedenen Leben erfreuen. Kann mich glücklich schätzen, daß ich im Großen und Ganzen heil aus dieser Geschichte rausgekommen bin und das ich überhaupt überlebt habe, was auch nicht so ganz selbstverständlich ist. Ein weiterer Faktor, der mein Leben heutzutage so unendlich lebenswert macht, ist, daß ich auch in der Lage war, aus dieser Zeit meine Lehren zu ziehen. Heute bin ich ein gerader, offener und mitdenkender Zeitgenosse geworden, der Respekt, Anstand und Achtung vor dem Leben hat. Ich kann mich heute als zufriedener Mensch bezeichnen. Aber trotz dieser vielen positiven Aspekte, möchte ich nicht unerwähnt lassen, daß das nicht von heute auf morgen gekommen ist. Nein, dazu hat es viele Jahre des Nachdenkens, des Tätig-Werdens und des Aufstehens gebraucht. Ebenso hat es sehr, sehr viel Kraft gebraucht. Einerseits um aus dem ganzen Sumpf rauszukommen und andererseits um aus dem Nichts ein neues Leben aufzubauen, was für mich sehr lange Zeit nicht so ganz einfach war. Ich besitze heute den nötigen Abstand und die nötige Offenheit, um zu meinem Leben, respektive zu dieser Zeit zu stehen. Ich verdränge und verheimliche diese Zeit nicht und das war eine bewusste Entscheidung meinerseits. Aber ich nehme mir heute auch das Recht heraus, mit meiner Erfahrung eindringlichst vor diesem Zeug zu warnen. Niemand tut sich etwas Gutes damit und die Folgen sind oftmals nicht mehr wirklich in Worte zu fassen, denn dieses Leid, was mit dieser Problematik unwiderruflich mit einher geht, entbehrt jeglicher Vorstellungskraft. Das Leben bietet einem Jedem, zumindest in unseren Breitengraden, soviel an offenen Wegen, Überraschnungen und Perspektiven, man muss nur mit offenen Augen und einer gesunden Portion Lebensfreude durchs Leben gehen.

## Auf dem Weg in ein anderes Leben - die Therapie

Nun saß ich da, auf einem Sofasessel, in einem mir zugeilten und fremden Zimmer, umgeben von vielen Menschen, die ich nicht kannte, an einem mir ebenso fremden Ort, fern ab der Heimat. Neben mir lagen die paar wenigen Habseeligkeiten welche ich noch besass, eine Tasche mit ein wenig Kleidung und einer alten Gitarre, welche ich noch vor dem Entzug, mit ausgeliehenem Geld kaufte. Ich sass so auf dem Sessel, in dieser fremden Umgebung und  sah aus dem Fenster. Das Wetter war sehr trüb und auch etwas regnerisch. Ich atmete mehrfach tief durch und spürte ein riesen grosses Gefühl der Erleichterung, ebenso spürte ich mich das erste mal wieder als Mensch nach sehr langer Zeit. Während andere in dieser Situation, mehr mit Traurigkeit, oder Heimweh kämpften, war ich einfach nur erleichtert. An dieses grossartige Gefühl kann ich mich noch bis heute erinnern. Ich war erleichtert darüber, dass ich nun keine Hausklingel mehr hören und fürchten musste, in der Angst, dass wieder Leute vor der Türe stehen, welchen ich Geld schuldete, oder die Polizei, welche ebenfalls Dauergast bei mir war. Ebenso war ich erleichtert darüber, dass ich nun keinen Stress mehr hatte täglich Geld aufstellen zu müssen, um irgendwie an die nötige Portion Drogen und Alkohol zu kommen. Grosse Erleichterung verspürte ich auch ob der Tatsache, dass ich nun den Entzug hinter mir hatte, der, im Vergleich zu manch anderen, bei mir dann doch etwas milder ausfiel, was ich dann als Belohnung dafür sah, dass meine Entscheidung, nun entgültig einen Schlussstrich unter mein altes Leben zu ziehen, goldrichtig war. Auch musste ich keine Angst mehr haben, wieder von irgendjemand zusammengeschlagen zu werden, oder dass mich das Drogendezernat wieder mitnimmt. Dass ich nun so weit weg von meinem ursprünglichen Zuhause war, das vermittelte mir das Gefühl von Sicherheit und gab mir die nötige Zuversicht, ohne Druck in ein neues Leben starten zu können. Ich fühlte mich körperlich ziemlich wohl, zumindest wenn man den Umstand bedenkt, dass ich geradewegs aus der Entzugsklinik kam. Gut, meine Hände zitterten immer wieder mal ziemlich heftig, vor allem wenn ich versuchte Girtarre zu spielen, aber es war absehbar und ich war davon überzeugt, dass sich auch das irgendwann legen wird. Hin und wieder hatte ich Flashbacks, durch das ganze chemische Zeugs, wie LSD und Extasy. Asthma und allergische Schocks begleiteten mich anfangs auch regelmäßig, aber das alles nahm ich an eben jenem Tag nicht wirklich als tragisch wahr, denn ich war endlich angekommen und frei.

Als ich alleine in meinem, mir zugeteilten Zimmer sass, ließ ich die letzten Monate davor Revue passieren. Bevor ich diese Therapie antreten konnte, gab es eine Wartezeit von ca. 3-4 Monaten für mich. Im Nachhinein gesehen war das eigentlich nicht sehr lange, aber mir kam es vor wie 30 oder 40 Jahre. Es war ein Warten und Bangen. Ich verließ das Haus in der Zeit nur um Drogen und Alkohol zu besorgen, ansonsten verkroch ich mich regelrecht. Und es klingelte zu jeder Tages- und Nachtzeit an der Türe, da ich sehr vielen Leuten Geld schuldete, die auch zum

Teil keinen Spass mehr verstanden, wenn es um Schulden ging. Zu diesen Besuchern gesellte sich natürlich auch die Polizei, die immer wieder anrückte wegen irgendetwas. Nun bekam ich die Rechnung präsentiert, für all meine schlechten und krummen Taten und für die Tatsache, dass ich mich mit in den letzten Jahren mit diesem Höllenzeugs eingelassen hatte. Ich kam mir vor, wie ein eingepferchtes Tier im Käfig und es war eine lange und grausame Wartezeit, welche mich fast den Verstand kostete. Ausserdem war es jedes mal ein Lotteriespiel, wenn das Telefon klingelte. War es nun wieder irgendjemand der mir drohen wollte, weil ich ihm Geld schuldete, oder war es der, mit großer Sehnsucht erwartete Anruf der Therapiestation, dass nun endlich ein Platz für mich frei geworden wäre? Ich saß wie auf Nadeln, jeden Tag und jede Nacht, bis er eines Tages kam, der heiss ersehnte Anruf, ich könne Ende Mai, kurz nach meinem 21. Geburtstag, meine Therapie beginnen. So fern es mir überhaupt noch möglich war, kam sogar so etwas wie Freude auf, aber vor allem riesengroße Erleichterung! Nun war ein Ende und zugleich ein richtig grosses Ziel in Sicht, denn, obwohl ich menschlich, seelisch und psychisch, komplett ruiniert war, wusste ich genau, dass es nun kein Zurück mehr gab und dies ein ganz wichtiger Wendepunkt in meinem Leben sein würde. Es war mein Wille und vollster  Ernst, dass ich mit diesem Leben so nicht mehr weitermachen wollte und konnte, genauso wie es mir bewusst war, dass es, mit ziemlicher Sicherheit meine letzte Chance sein würde, die Kurve zu bekommen und einen Neuanfang zu machen. Denn, egal wo mich mein zukunftiger Weg nun hinführen würde, es konnte nur besser sein, als diese Hölle aus Sucht,

Angst, innerer und äusserer Selbstzerstörung, welche ich mir in reinstem Selbstverschulden, im Laufe der Jahre selbst errichtete und die ich nun in aller Härte und Brutalität zu spüren bekam. Aber nun war endlich ein Ausweg in Sicht, aus dem ich etwas machen wollte und - das darf ich heute voller stolz und Zufriedenheit behaupten - auch etwas gemacht habe.

Nun musste ich nur noch mit dem Krankenhaus einen Termin für meinen Entzug vereinbaren. Nicht mal das konnte ich noch alleine bewerkstelligen, aber ich hatte eine Sozialarbeiterin, welche mir diese Angelegenheiten regelte. Auch wenn es mir damals wie eine Ewigkeit vorkam, war der Tag irgendwann gekommen, an dem ich meine Sachen packte und auf Entzug ging. Da ich wusste, dass dies nun der entgültige Abschied von meinem bisherigen Leben war, vollzog ich noch so etwas wie ein Abschiedsritual, in welchem ich mir meinen entgültigen Entschluss, ein neues Leben aufzubauen und dem alten Leben den Rücken zu kehren, vor Augen führte. Ich entfernte alle Poster von meinen Wänden und vernichtete fast alle meine Erinnerungen. Jedes Foto wurde zerissen und in den Müll geschmissen, bis auf 2 Stück, welche ich noch heute besitze. Nicht dass diese zwei Fotos etwas besonderes gewesen wären, aber ich wollte mir wenigstens eine Kleinigkeit behalten, um mir irgendwann in ferner Zukunft vor Augen führen zu können, wer ich mal war. Alles andere wurde gnadenlos vernichtet. Ich wollte nichts, aber auch rein gar nichts mehr besitzen, was mich an dieses Leben erinnerte. Ich besass auch so gut wie gar nichts mehr, denn ich versetzte alles für die Drogen. Alles Mögliche und auch Unmögliche, was sich irgendwie zu Geld machen liess, verkaufte ich im Laufe der Jahre, das meiste natürlich zu einem Ramschpreis, denn es musste meist schnell gehen. Meine Not, schnell an Geld und somit an Drogen zu kommen, wurde natürlich knallhart ausgenutzt von den wenigen, welche dafür bekannt waren, schnell und ohne langes Fragen Ware anzukaufen. Und so stand ich an diesem Tag vor dem Entzug, in meinem Zimmer und blickte auf die Trümmer meiner Existenz. Ein paar zerschossene Modellflugzeuge lagen noch rum, ansonsten blickte ich in ein Nichts an materiellem Besitz. Nur die paar Poster an der Wand, ein paar Musikkasetten und ein paar Erinnerungen, wie Fotos, Postkarten und Briefe, nannte ich noch mein Eigen und genau von dem Wenigen trennte ich mich nun auch noch; bis auf die Musikkasetten natürlich. Und dann waren da noch meine paar Drogenverstecke, in denen ich noch einige Notvorräte hatte. Vor allem LSD-Trips, Haschisch und Tabletten aller Art. Die Vernichtung dieser Vorräte kostete mich einiges an Überwindung, aber ich wollte nicht mehr und sah die Chance auf den Neubeginn, darum schnappte ich mir das ganze Zeug, warf es in die Toilette und spülte es runter! Ich verspürte überraschenderweise, eine sehr grosse Erleichterung. Ich wusste, der Tag ist nun gekommen, an dem ich gehe und nie mehr wieder zurückkehren werde. Eine Tasche mit ein wenig Kleidung besass ich noch, welche gepackt neben mir stand und nun war es soweit. Ein letzter Blick ging noch durch mein altes Zimmer. Und ein letzter Blick ging noch zum Fenster raus, auf die Gegend in der ich aufgewachsen bin. Dann verabschiedete ich mich von alledem im Geiste und brach auf, in Richtung Entzugsklinik.

Es war noch Vormittag und ich betrat die Klinik, in der Hand meine paar wenigen Habseligkeiten und ich merkte schon langsam die aufkommenden Entzugserscheinungen. Ich fragte mich durch, wo die entsprechende Station sei und gelangte etwas später in einen längeren Gang, in dem rechts von mir die geschlossene Abteilung war, welche von  einer schweren automatischen Türe gesichert wurde, durch welche sie gerade einen jungen Mann in Handschellen reinführten. Und links von mir war die Station, in die ich rein musste, welche aber Gott sei Dank von innen, so wie auch von aussen frei begehbar war. Ein letzter Blick zurück, gefolgt von einem tiefen Atemzug und nun war ich bereit, mein neues Leben zu beginnen. Ich empfand es ja schon fast als Erleichterung, dass sich meine Entzugserscheinungen immer mehr und mehr bemerkbar machten, denn dadurch hatte ich weder Zeit, noch gedankliche Kapazität, mich eventuell doch noch umstimmen zu lassen von meinem inneren Schweinehund. Ich wurde ziemlich schnell in mein Zimmer gebracht, wo sogleich eine Ärztin kam und mir viele Standardfragen stellte, welche sich auf meinen Suchtverlauf, so wie auch mein Leben im Allgemeinen bezogen. Danach sagte ich ihr was ich an Medikamenten benötigte, da ich die Prozedur schon kannte und wusste, was es dagegen wirkungsvolles gibt. Es dauerte nicht lange und ich bekam genau diese Medikamente. Danach wurde es dann richtig ungemütlich, da ich nun den Entzug in vollen Zügen zu spüren bekam, welcher sich von den Medikamenten leider kaum bremsen ließ. Ich kann mich nur noch daran erinnern, dass ich kaum mehr laufen konnte,

Schmerzen hatte und eine extreme Benommenheit spürte. Dennoch hielt es das Pflegepersonal nicht davon ab, mit mir ihr Standardprogramm durchzuführen und so wurde ich im Laufe des Tages, mitten im ärgsten Entzugsfieber, von ein paar Krankenschwestern abgeholt. Eine packte mich links, die andere rechts, sie hievten mich aus dem Bett und schleiften mich zu einer anderen Station, mit den Worten: "Wir gehen nun basteln". Wiederstand war zwecklos, denn ich wäre absolut nicht dazu in der Lage gewesen gross Einspruch zu machen, da ich nur mehr ein wackeliges, schmerzgeplagtes und sprachloses Häufchen Elend war. Dieses Anfangserlebnis blieb mir sehr lange in Erinnerung und war sehr prägend für meinen weiteren Werdegang. Nie wieder wollte ich so etwas erleben, diese Macht- und Willenlosigkeit, bei der man nicht mehr selbst entscheidet was mit einem passiert, sondern andere. Immer, wenn ich in späterer Folge mal mit Rückfallgedanken zu kämpfen hatte, erinnerte ich mich an dieses Erlebnis und liess jegliche Gedanken dieser Art sofort fallen.

Es war schon eine besonders lustige Truppe, welche dort anwesend war und es war jeden Tag das gleiche, traurige Spiel, was zum Tagesablauf wurde. Schon früh morgens begannen die sogenannten Gruppensitzungen. In diesen wurden wir alle gefragt, wie es uns heute so ginge, natürlich unter Anleitung von Ärzten und Therapeuten. Aber bevor diese obligatorische Frage auftauchte, wurden zu allererst die Rückfälle des Vortages besprochen und gerügt. Da wir alle in einer offenen und nicht der geschlossenen Station waren, konnte sich jeder, nach und zwischen den einzelnen Therapien, frei bewegen und auch das Haus verlassen. Ich selbst nutzte das nie aus, da ich alles vermied was mit der, mir noch leidvoll vertrauten Aussenwelt zu tun hatte. Aber der Rest der Truppe nutzte dieses Angebot natürlich in vollen Zügen aus und so marschierten sie nach den ganzen Therapiesitzungen geschlossen hinaus. Natürlich bekam auch ich schnell mit, dass es in der Nähe ein Versteck gab, welches immer gut mit hartem Alkohol aufgefüllt gewesen sein musste. Und so begaben sich alle, nach einem reumütigen Therapietag, in Richtung dieses Versteckes, um sich die Birne volllaufen zu lassen. Am nächsten morgen, in eben jener ersten Gruppensitzung des Tages, wurde dann dieser Gruppenrückfall ausführlich gerügt und jeder übte sich in Reue und schwor, dies nie wieder zu tun. Wohl unnötig zu bemerken, dass sich der Vorfall am nächsten Tag exakt gleich wiederholte, genauso wie am übernächsten und eigentlich an jedem Tag. Nur ich blieb eisern und war damit einer der ganz wenigen in dieser Runde, welche den festen Willen hatten, den Entzug straight durchzuziehen. Bei den meisten anderen bemerkte ich, dass viele schon eine halbe Ewigkeit dort waren und dieses Spiel wohl schon seit langer Zeit durchzogen. Mir half das ungemein, denn so sah ich wie sich meine eigene Problematik an anderen widerspiegelte und ich damit in meinem Vorhaben, das ganze hinter mir zu lassen, nur noch mehr bestärkt wurde. Natürlich wurde ich ebenso nach kürzester Zeit eingeladen, mit der ganzen Truppe zu diesem ominösen Versteck zu pilgern und mich volllaufen zu lassen, aber ich hielt mich bewusst fern von dem Ganzen und machte von Anfang an klar, dass ich dazu kein Interesse habe.

Dennoch war ich genau diesen Menschen im Endeffekt sehr dankbar, denn durch sie erkannte ich, dass auch ein einmaliger Ausrutscher, die Chance auf einen Neuanfang sofort zunichte gemacht hätte, denn so wäre ich nie und nimmer aus diesem Fahrwasser rausgekommen.

Aber auch diese Zeit ging zu Ende und meine Entlassung nahte. Es kam dabei schon ein wenig Stolz auf, denn immerhin hatte ich es durchgezogen und war nur noch einen kleinen Schritt davon entfernt, endlich aus diesem Land wegzukommen und neu zu beginnen. Und so kam er, der letzte ärztliche Check, der mir bestätigte, dass ich wohl das schlimmste hinter mir hätte und sie mich nun reinen Gewissens auf Therapie schicken könnten. Ich kann mich sogar noch an eine Herzlichkeit und ein Lächeln erinnern, welche mir einige vom Pflegepersonal und der Ärzteschaft entgegenbrachten, wohl auch weil ich wahrscheinlich einer der wenigen in dieser Gruppe  war, der das Ganze auch ernst nahm und wirklich entgiftet die Station verliess. Und so stand ich wieder da, mit meinen paar Habseeligkeiten unterm Arm, bereit den nächsten, entscheidenden Schritt anzutreten und so landete ich, nach einer circa zwei- bis dreistündigen Fahrt, in meiner neuen Heimat, welche eine Therapiestation, weit ab vom Schuss, auf einem Berg war. Niemand wusste von meinem Aufenthaltsort und ich war weit weg von meiner ehemaligen Heimat, zumindest weit genug, um in Ruhe und Frieden neu anfangen zu können.

Es war ein regnerischer und dunkler Tag und ich betrat dieses

Haus auf dem Berg. Ich ging durch die Eingangstüre und wurde von einem Mitarbeiter der Therapiestation begrüsst. Obligatorisch war, dass man zuerst durchsucht wurde, denn man könnte ja noch irgendwo „Notvorräte" im Gepäck haben. Nur bei mir war es anders. Der Mitarbeiter sah mir tief in die Augen und meinte nur: "Du weisst, um was es geht.". Für mich war das ein sehr grosser Vertrauensbeweis, so wie ich es die Jahre zuvor nie wirklich erlebte. Aber wahrscheinlich strahlte ich meine Entschlossenheit auch aus, denn ich hatte wirklich nichts dabei und mein Weg war - für mich zumindest - sonnenklar. Nach einer kurzen Unterweisung, bekam ich dann mein Zimmer zugeteilt, mit dem Hinweis, dass es bald Abendessen geben würde. Und so sass ich nun in dem mir zugeilten Zimmer, auf dem schon erwähnten Sofasessel und war einfach nur erleichtert und froh, dieser ganzen Hölle entkommen zu sein und zumindest den Anfang dazu schon mal geschafft zu haben.

Ein für mich sehr entscheidender Grund, warum ich gerade in diese Therapieeinrichtung wollte, war, weil dort anscheinend ein Musikraum mit vielen Instrumenten existierte. Gleich nach meiner Ankunft begab ich mich natürlich schnurstracks auf die Suche nach eben jenem Raum und wurde ziemlich schnell mal fündig im Keller. Der Raum erinnerte mich sehr an die meisten Proberäume, welche ich von früher kannte. Es roch recht modrig, es war dunkel und die meisten Instrumente, so wie auch der gesamte Raum im Allgemeinen, machten einen abgenutzten und sehr desolaten Eindruck. Was mich aber nicht daran hinderte, mir sofort eine der dort rumliegenden Gitarren unter den

Nagel zu reissen, neue Saiten drauf zu spannen und zu spielen. Meine Hände zitterten noch ziemlich vom Entzug, aber das machte mir nichts aus, denn ich war glücklich endlich wieder eine Gitarre in den Händen zu halten und hier zu sein. Ausserdem sah ich in dem Neuaufbau dieses Raumes und der Reparatur der Instrumente, gleich schon ein erstes und wichtiges Ziel für mich, welches ich dann in der darauf folgenden Zeit mit Eifer verfolgte. Dennoch blieb mir an diesem ersten Tag nicht viel Zeit, mich um diese Sachen zu kümmern, denn es gab dann bald Abendessen. Nun lernte ich auch die Leute kennen, welche ebenfalls hier lebten und Therapie machten.

Bedingt durch meinen mehrjährigen Drogenkonsum, fehlte es mir natürlich anfangs an der gewissen sozialen Feinfühligkeit und so eckte ich auch gleich bei ein paar Leuten an, in dem ich sie schon am ersten Tag vollquasselte, was bei einigen natürlich nicht so gut ankam. Aber gut, ich knüpfte im Gegenzug auch gleich ein paar Bekannschaften. Des weiteren wurde mir ein wirklich tolles Zimmer zugeteilt, welches schon super eingerichtet war und das hatte, was mir anfangs eigentlich am wichtigsten war: eine grosse und laute Stereoanlage! Dieses Zimmer war aber nur so toll eingerichtet, weil hier schon über längere Zeit jemand wohnte. Derjenige war natürlich alles andere als erfreut, dass ich auf Grund von akutem Platzmangel in seinem Zimmer einquartiert wurde, was er aber am ersten Tag noch galant überspielen konnte. Doch nach der ersten Nacht, genauer gesagt am nächsten Morgen, hatte ich es schon geschafft, seinen bis Dato dezenten Unmut über meine Gesellschaft, in lautstarken Ärger ausbrechen zu lassen. Ich mutierte schon am ersten Tag zum Frühaufsteher und wachte um 6 Uhr morgens mit vollem Elan auf, stürmte zu der schon erwähnten Stereoanlage, legte den härtesten Techno ein und drehte auf. Da er das komplette Gegenteil von mir zu sein schien und den Tag lieber mit langem Liegenbleiben und ruhigem Aufstehen starten wollte, kam es wie es kommen musste und ich wurde, nach einer Beschwerde seinerseits bei den Mitarbeitern, fast kommentarlos - dafür aber sofort - in ein anderes Zimmer umquartiert. Und so war ich schon am zweiten Tag in einem anderen Zimmer, welches das komplette Gegenteil war, nämlich leer und leblos, dafür  aber auch wieder mit jemandem zusammen, der auch erst kurze Zeit hier lebte. Ich sah diese Leere als Chance, um gleich mein nie erprobtes, handwerkliches Geschick unter Beweis zu stellen und zimmerte in kürzester Zeit eine komplette Einrichtung hinein. Unten in den Kellerräumen war, neben dem Musikraum, auch eine sehr grosse Werkstatt, mit allen möglichen Holzverarbeitungsmaschinen und Werkzeugen. Ohne einen blassen Schimmer zu haben, machte ich mich ungezwungen ans Werk und zimmerte drauf los. Zudem war ich noch sehr Erklärungsressistent. Gut, die Möbel hatten ihre eigene Note und ich entdeckte meinen Hang zum Massiv-Bau, aber immerhin verfolgte ich meine ersten Ziele schon sehr vehement und konnte mich in kürzester Zeit an einem komplett fertigen Mobiliar erfreuen. Der einzige Wehrmutstropfen an der ganzen Aktion, war meine ewige Ungeduld, denn ich konnte es nie wirklich abwarten bis etwas fertig war und so stellte ich die Möbel schon ins Zimmer, bevor der Lack auch nur annähernd trocken war; sehr zum Leid meines Zimmergenossen, der ebenfalls die ein oder andere Nacht mit dem stechenden Geruch des noch trocknenden Lackes erdulden musste.

Und so verging ein halbes Jahr, in dem ich kaum zu bremsen war in meinem Tatendrang. Ich fühlte mich jetzt schon als glücklichen und geheilten Mensch, was natürlich eine fatale Selbstein- und Überschätzung war.  Als ich mich eines Tages wieder mal in tausend Projekte und Hirngespinste verstrickte, hielt mich der Leiter der Therapiestation auf dem Weg in die Kellerwerkstatt an und fragte mich wie es mir geht. In meiner fast schon skurrilen Fröhlichkeit, erklärte ich ihm vollen Ernstes, dass ich eigentlich schon geheilt wäre. Er sah mich süffisant lächelnd an und mahnte mich zur Vorsicht, denn die wahren Auswirkung meines jahrelangen Drogenkonsums würden sich erst noch zeigen. Gedanklich tat ich seine Worte als Geschwätz ab, da ich fix der Überzeugung war, dass meine Heilung von der Sucht schon ihr Endstadium erreicht habe. Weit gefehlt! Der Tag kam, an dem plötzlich alles anders war und mir die gnadenlose Härte des psychischen Entzuges bewusst wurde. Mein gesamter Antrieb war weg und ich schaffte es nach dem Aufstehen nur noch auf das Sofa, welches mitten im Stiegenhaus stand. Dort sitzend wurde ich von Depressionen  regelrecht überrollt. Ich sass nun da auf diesem Sofa, qualmte eine Zigarette nach der anderen und ergab mich förmlich meiner extremen Depression. Selbst suizidale Gedanken tauchten immer öfter auf und wurden zu einer gedanklichen Realität. Ich sprach über viele Wochen mit niemand mehr. Ich sass nur da, Tag für Tag, dachte an

Selbstmord, verweigerte jegliche Tätigkeit und jegliches Gespräch mit allen. Das Kopfkino nahm richtig extreme Formen an und natürlich gesellten sich giftige Gedanken dazu. Und nun realisierte ich es erst so wirklich, wie sehr mich die Sucht gefangen hielt - und dieser Prozess ging ewig und schien nie enden zu wollen. So vergingen viele Wochen. Wochen voller Selbstmordgedanken, voller Gier nach Stoff, voller Depressionen und der Sprachlosigkeit. Hätte ich nur irgendeine Möglichkeit zu dieser Zeit gehabt, dann hätte ich mir alles reingezogen was ich in die Finger bekommen hätte. Aber ich hatte einen riesen Vorteil, denn ein Junkie ohne seine ihm bekannte Szene, ist bekanntlich aufgeschmissen. Ich war ja örtlich gesehen, weit weg von meiner Heimat und somit auch von der Szene die ich kannte. Des weiteren hätte es mir aber sowieso nichts genützt wenn ich die Therapie abgebrochen hätte und in meine Heimat zurückgegangen wäre, denn ich hatte es mir - zum Glück - mit fast allen Leuten dort so richtig verscherzt. Somit gab es für mich kein Schlupfloch mehr und ich musste es nun   durchziehen, ob ich wollte, oder nicht. Auch verlor ich in dieser Zeit einiges an Gewicht. Denn auch hier zeigte ich sehr paradoxe Reaktionen, im Gegensatz zu vielen anderen. Die meisten kamen spindeldürr an und legten an Körpergewicht zu, ich dagegen war eher etwas aufgeschwemmt von all dem Alkohol und den Drogen. Es gibt sogar noch ein Foto aus dieser Zeit, bei dem ich heute noch erschrecke wenn ich es ansehe. Und so magerte ich regelrecht ab und das obwohl ich mir von jeder Essensportion die doppelte und dreifache Menge der anderen reinstopfte.

Aber auch das ging irgendwann vorbei und ich fand wieder langsam ins Leben zurück. Für mich begann eigentlich ab diesem Zeitpunkt ein sehr langer Prozess, der mich dann auch schlussendlich aus der Sucht, hinein in das eigentliche, drogenfreie Leben führte. Aber dieser Weg brauchte viel Zeit und war gepflastert von viel persönlichen Rückschlägen. Schritt für Schritt tastete ich mich in ein neues Leben hinein, bei dem es noch viel zu lernen und entdecken galt. Die Konfrontation mit mir als Mensch, war ein langer und oftmals sehr harter Prozess, aber ich stellte mich dem und wuchs daran. Auch wenn ich zu dieser Zeit vielleicht noch sehr oft neben der Spur lag, hatte ich vielen anderen gegenüber doch einen sehr großen Vorteil, denn ich hatte doch eine grobe Orientierung wohin mein Weg führen sollte. Das erste war, dass ich Musik machen wollte. Das zweite war, dass ich nicht mehr zurückkehren wollte in meine Heimat. Und das dritte war, dass mir absolut klar war, dass Drogen in meinem Leben keinen Platz mehr haben würden!

Auch wenn noch ein sehr langer Weg vor mir lag, waren nun alle Grundvoraussetzungen geschaffen und es war für mich das erste mal in meinem Leben klar wohin mein Weg steuern sollte. Nur tauchten plötzlich die nächsten Probleme von Aussen auf. Es gab in meiner Heimatstadt ein Drogendezernat, welches hauptsächlich aus zwei Beamten bestand, denen wohl nicht viel daran lag, dass ehemalige Junkies von selbst den Weg aus der Sucht und somit auch aus der Kriminalität fanden - vor allem nicht aus eigenem Antrieb. Und so bekam ich eines Tages, in der Therapiestation, einen Anruf von den beiden Herren. In ziemlich rüdem Ton machten sie mir klar, dass noch einige Angelegenheiten offen wären und sie mich vor Gericht sehen wollten. Es kam mir vor, als hätten sie eine persönliche Rechnung mit mir offen. Im Gegensatz zu vielen anderen entging ich dieser Misere, ohne grössere gesetzliche Konsequenzen und besass dann auch noch die Frechheit, selbst auszusteigen und mein Leben in den Griff zu bekommen. Und darum verpassten sie mir noch so etwas wie einen Abschiedsgruss, in dem sie mich vor Gericht zitieren liessen. Es ist mir heute schon klar, dass sie auch nur versuchten ihren Job zu machen, aber ich bekam das Gefühl nie wirklich los, dass eine gewisse persönliche Note mitgeschwungen ist. Es ging um irgendeinen Deal, der in der Grössenordnung eines mittleren Strassenkaufs lag, also um eine Bagatellstraftat. Dennoch schafften sie es, mich vor das Landesgericht zu zerren. Ich musste also für einen Verhandlungstag wieder zurück in meine alte Heimat, was allein schon aus gefühlstechnischen Gründen nicht so ganz leicht für mich war, denn ich hätte nicht gedacht, dass ich so schnell wieder zurück musste, auch wenn es nur für den einen Verhandlungstag war. Ich fuhr also mit einer Betreuungsperson der Therapieeinrichtung zu dieser Verhandlung in meine ehemalige Heimat. Als ich dann mit meinem ausgeliehenen Anzug und mit meiner Betreuung den Gerichtssaal betrat, wurde ich auch ziemlich nervös. Die unzähligen Zuhörer und Gerichtsmitarbeiter taten ihr übriges dazu. Aber gut, ich machte Fehler und musste nun dafür gerade stehen. Und so machte ich von Anfang an keinerlei Anstalten, mich zu verstellen, zu lügen und zu leugnen. Im Gegenteil, ich gab sofort alles zu und konnte den Richter und den

Staatsanwalt von meinem unabbringbaren Vorhaben, nämlich der Drogenfreiheit und meinem Einstieg in ein neues Leben überzeugen. Es war ja auch nicht so, dass ich irgendjemandem irgendetwas vorspielte, nein, ich gestand meine Taten und erklärte dem Richter, dass ich einen entgültigen Schlussstrich unter mein bisheriges Leben gemacht hätte und diesen Weg auch mit der  nötigen Konsequenz durchziehen wolle. Ich meinte auch  was ich sagte, was im Endeffekt auch zu meiner Glaubwürdigkeit beitrug. Alles was ich damals sagte und versprach, hielt ich bis zum heutigen Tage ein, ohne Wenn und Aber! Mein Betreuer von der Therapiestation untermauerte meine Worte noch, in dem er dem Richter zweifelsfrei darlegen konnte, dass ich auf einem sehr guten Weg wäre. Ich bin ihm bis heute noch sehr dankbar dafür! Ich fasste in meinem Urteil eine Bewährungsstrafe aus, da niemand an meiner Glaubwürdigkeit zweifelte. Mein Versprechen dem Richter gegenüber, dem alten Leben entgültig den Rücken zu kehren, führte schlussendlich zu einer guten Basis, dass ich nun in Ruhe weiter an mir und meinem neuen Lebensweg arbeiten  konnte. Nebenbei soll noch erwähnt sein, dass es die beiden Herren vom Drogendezernat nicht für notwendig hielten, der Gerichtsverhandlung, welche sie eigentlich angezettelt haben, beizuwohnen. Aber es sei ihnen verziehen, wohl auch durch den Umstand, dass ich ihnen eigentlich in einem gewissen Ausmaß sehr dankbar bin.  Denn ohne diese Gerichtsverhandlung hätte ich nicht so früh gelernt, dass jedes Handeln auch seine Konsequenzen mit sich bringt, welche man zu tragen und auszubügeln hat. Gemäss der alten, abgewandelten Weisheit: "Achte auf deine Gedanken, denn sie werden zu deinen Taten...".

Die Therapiestation bestand aus 2 getrennten Wohnhäusern, welche auch örtlich einige Kilometer auseinander lagen. Ins erste Haus - welches sich ziemlich abgelegen auf einem Berg befand - kam man in der Anfangsphase der Therapie. Die Abgelegenheit war natürlich ein sehr grosser Vorteil, denn die innere Ruhe, die wir wohl alle finden wollten und sollten, wurde durch diese Abgeschiedenheit sehr unterstützt. Natürlich gab es auch hier Leute, welche immer irgendeinen Weg fanden an Zeug zu kommen, wenn sie rückfällig werden wollten, aber es war doch um einiges schwieriger und umständlicher. Und all die jenigen, welche dort oben auf dem Berg ihrer Gier nach Stoff nicht Herr wurden,   verliessen die Einrichtung sowieso früher oder später von selbst. Rückfälle wurden natürlich auch geahndet und zum Teil hart sanktioniert. Einen Monat 3 mal pro Tag Küche sauber machen, war hier keine Seltenheit bei einem Rückfall, wobei wir hier von einer Grossküche reden, wo drei mal an die 30 Leute verköstigt wurden und sich der ein oder andere dabei noch seine Extrawurst gönnte. Ich hingegen genoss ein ziemlich grosses Vetrauen seitens der Mitarbeiter, welches ich eigentlich auch so gut wie nie missbrauchte und somit hatte ich fast schon so etwas wie Privilegien. Sie ließen mich nach kürzester Zeit schon alleine in die nächste Stadt fahren und ich wurde auch sonst nie kontrolliert, was sicherlich damit zusammenhing, dass sich meine Interessen sehr bald verlagerten, nämlich weg von den Drogen, hin zu ganz anderen Dingen des Lebens. Es trug massgeblich zu meiner Drogenfreiheit bei, dass ich mich schnell für so viele andere Dinge interessierte. Ich füllte sozusagen meine Gedankenwelt mit ganz anderen, neuen Dingen. Und irgendwann war einfach kein Platz mehr für meine Suchtgedanken. So einfach das nun klingen mag, es sollte doch erwähnt werden, dass dies ein sehr langer Prozess war.

Dennoch wurde auch ich rückfällig und das genau zwei mal im ersten Jahr. Das erste mal fühlte ich mich absolut sicher - vielleicht sogar zu sicher - und machte einen Ausflug in die etwa 40 Kilometer entfernte Hauptstadt. Es ging so schnell und ohne mich zu versehen war ich plötzlich wieder im alten Muster drin. Ich suchte die hiesige Szene auf und besorgte mir etwas Zeug und mit dem restlichen Geld kippte ich mir ein paar Gläser Wein und Bier rein. Das Ende vom Lied sah dann so aus, dass ich ziemlich geknickt und down mit dem Zug zurückfuhr und mich masslos vor mir selbst schämte. Aber nicht nur vor mir selbst, sondern auch vor allen anderen schämte ich mich; all denen die mir Vertrauen entgegenbrachten und mich auf meinem Weg förderten. Ich kam mit dem Zug an und stand am Fusse des Berges, wo von es noch  gute zwei Stunden Fussmarsch gewesen wären bis zur Therapiestation, aber mein schlechtes Gewissen, mein Sham und auch meine Offenheit ließen mich zuerst eine Telefonzelle aufsuchen und so rief ich mit meinen letzten paar Münzen, die ich noch besass, oben an. Ich wusste, ein Rauswurf war im Bereich des Möglichen, genau so wie   strenge Konsequenzen. Aber ich wollte zu meinen Fehlern stehen und beichtete bei diesem Anruf meinen unverzeihlichen Fehltritt. Doch anstatt einer saftigen Rüge, wurde ich gebeten unten am

Berg zu warten, denn der Leiter der Therapiestation höchstpersönlich, würde mich unten abholen. Und so wartete ich und ging schon von einer mächtigen Rüge aus, aber genau das Gegenteil wiederfuhr mir und ich wurde mit einem freundlichen Lächeln empfangen. Oben angekommen, wurde ich gebeten nicht mehr aus meinem Zimmer zu gehen, damit die anderen mich nicht in diesem Zustand zu sehen bekämen, woran ich mich natürlich hielt. Es gab dann noch ein kurzes Gespräch in meinem Zimmer mit dem Leiter, welches alles andere als eine Rüge war, im Gegenteil. Konsequenzen gab es ebenfalls keine, vielleicht auch deshalb, weil ich selbst an diesem Rückfall lernen und wachsen sollte, was ich dann auch tat. Und dann gab  kurze Zeit später noch einen weiteren Rückfall, welcher dann der letzte in meinem Leben bleiben sollte. Dieser blieb unbemerkt von allen, da ich das Zeug vorher in der Stadt kaufte und abends, während alle schon schliefen, heimlich nahm. Spätestens ab diesem Zeitpunkt erkannte ich die Tatsache, dass in meinem zukünftigen Leben kein Platz mehr für Drogen und diesem ganzen Drumherum sein sollte. Ich schämte mich natürlich wieder vor mir selbst und  war fast schon entsetzt von meinem scheinbar nicht vorhandenen Durchhaltevermögen, aber diese letzte, eine Erfahrung, setzte unter meine Drogenkarriere den entgültigen Schlussstrich. Ich merkte dass es keinen Platz mehr hatte in meinem Leben. Weiters wurde mir so richtig bewusst, dass ich frei leben wollte und nur eine reelle Zukunftschance ohne dieses Dreckszeug hatte. Des weiteren hatte ich mir in der relativ kurzen Zeit schon so viele neue Interessen aufgebaut, welche mir immer mehr und mehr wichtiger wurden. Dieser letzte Rückfall war dann zugleich der Beginn in mein wirkliches, drogenfreies Leben und ich bin bis heute froh, dass ich diese Erfahrung so und nicht anders gemacht habe - und machen durfte.

Und so kam ich nach knapp zwei Jahren in das zweite Haus. Dieses befand sich einige Kilometer weit weg, in einem etwas abgelegenen und verträumten Dörfchen. Diese zweite Stufe war für die Leute gedacht, welche sich nach der Hauptherapie langsam wieder ins Arbeits- und Gesellschaftsleben einzufügen versuchten. Es war auch Anbindungstechnisch ganz anders, denn man war in ein paar Minuten unten im Dorf und erreichte den Bahnhof in etwa 15 Minuten zu Fuss. Es war plötzlich vieles anders. Obwohl ich das Haus und die meisten Bewohner schon kannte, da wir regelmäßig herfuhren um die Wäsche zu waschen (was im Haus am Berg aus wassertechnischen Gründen nicht möglich war), war es nun etwas komplett anderes und neues für mich. Natürlich war es zum einen Teil der Umzug an sich, aber diese plötzliche Art der Freiheit war andererseits auch etwas ganz neues und ungewohntes. Nicht dass ich mich oben am Berg jemals eingesperrt, oder in meinen Freiheiten stark beeinträchtigt gefühlt hätte, nein, aber die Möglichkeit, einfach mal schnell ins Dorf runter zu spazieren um beispielsweise Zigaretten zu holen, war dort einfach nicht gegeben. Und so lebte ich mich sehr schnell ein und schloss ziemlich bald Freundschaft zum ein und anderen Mitbewohner, wobei ich in späterer Folge mit einem dieser Mitbewohner ganz besonders viel unterwegs war, was zum Großteil an der gleichen Leidenschaft zum Heavy

Metal-Sound lag. Da er schon länger dort wohnte und die Gegend mit all seinen Ausgeh- und Konzertmöglichkeiten kannte, waren wir dann auch viel unterwegs. Er kannte doch schon viele Leute. Und so kam es, dass ich auf mein erstes Konzert nach ewig langer Zeit ging. Wenn ich mich recht erinnere, war es das Judas Priest Konzert. Und so kamen wir kurz vor Konzertbeginn rein in die Halle und holten uns etwas zu trinken. Ich war sehr erstaunt, dass sich mein neu gewonnener Kumpel gleich ein Bier bestellte und mich zeitgleich fragte, ob ich auch eines wollte. Für einen ganz kurzen Moment sah ich in dieser Frage etwas ganz normales und bejahte. So standen wir nun, beide mit einem Bier in der Hand, inmitten der wartenden Menge. Und plötzlich wurde ich sehr nachdenklich. Ich nahm genau einen kleinen Schluck von diesem Bier und dachte mir: "Steht das nun dafür? Ging ich meinen Weg nun bis hierher, nur um nun wieder gleich weiter zu machen?". Ich wusste zwar, dass mich dieses eine Bier nun nicht gleich aus der Bahn werfen würde und sich vieles in mir veränderte zu früher, aber ich wusste, dass ich diesen vergangenen Weg nie mehr beschreiten wollte, frei nach dem Motto: "Entweder ganz, oder gar nicht!". Ich gab den noch vollen Becher Bier meinem Kumpel, erklärte ihm in kurzen Worten, dass das nicht mehr meine Welt ist und schon gar nicht mehr werden sollte und holte mir ein Cola. Ich wollte das nicht mehr und somit war dieses Thema für mich erledigt. Das Konzert im Anschluss daran war bombastisch, vor allem auch durch die Tatsache, dass es mein erstes Konzert seit Jahren war, welches ich voll und ganz mitbekam und geniessen konnte.

In späterer Folge, hatte ich dann auch sehr viele Nachteile durch meine Anti-Alkoholische Einstellung, aber das war mir schlicht-weg komplett egal, denn mein Weg war mir wichtiger, als ir-gendwelche gesellschaftlichen Traditionen. Gerade in darauffol-genden Zeiten, als ich dann ein paar Leute kennenlernte und auch ausging mit denen, passierte es fast schon ständig, dass ich eher der jenige war, der ein wenig die Aussenseiterrolle inne hatte, denn es gehörte bei den meisten Leuten die ich kennen-lernte, zum gewohnten guten Ton, sich am Wochenende nieder-zusaufen bis der Arzt kommt. Wenn man da in mitten einer Runde als einziger nur mit einer Limonade anstossen konnte, hörte das Verständnis bei vielen gleich mal auf. Aber eben, es war mir komplett egal und ich ließ mich auch von niemand vom Gegenteil überzeugen und von meinem Weg abbringen. Punkt.

In dem Dorf in dem ich nun lebte, gab es auch so etwas wie ein Nachtleben. Es gab diese üblichen Treffpunkte, wo sich jung und alt - jedoch meist jung - nach der Arbeit und am Wochen-ende auf ein paar Drinks, auf ein paar Billardspiele, oder einfach so trafen. In eben eines dieser Lokale, welches sich ca. 10 Minu-ten vom Haus befand, ging ich dann mit meinem Kumpel auch öfter hin. Da er schon lange dort wohnte, kannte er dieses Lokal und natürlich schon ein paar Leute. Es dauerte auch nicht lange und er stellte mich einigen Leuten vor. Unter anderem ein paar Jungs, welche eine Band hatten und verzweifelt auf der Suche nach einem Sänger waren. Gut, ich spielte bis Dato hauptsäch-lich Gitarre und konnte mich nicht gerade als begnadeten Sän-ger ausweisen, dennoch hatte ich den nötigen Fanatismus und das nötige Interesse an neuen Aufgaben. Und so begab es sich, dass ich zu den, mir noch völlig fremden Jungs, welche gemeinsam an einem Tisch in dem Lokal sassen, hinging und ihnen mein Interesse kund gab. Sie waren durchwegs positiv begeistert davon, da sie ja, wie erwähnt, dringend einen Sänger suchten. Vor allem aber auch durch die Tatsache, dass in etwa vier Wochen ein Konzert geplant gewesen wäre, welches sie ohne Sänger absagen hätten müssen. Noch am selben Abend fuhren sie mit mir in ihren Proberaum, der sich im nächsten Dorf befand, um mir ihren Sound vorzustellen. Es war ein fantastischer Proberaum. Ein Luftschutzbunker in einer Schule, weder feucht, noch modrig, so wie man es von den meisten Proberäumen kannte, eher ein sauberer, trockener, bestens ausgestatteter Proberaum mit Sitzecke und allem was man sich so vorstellen konnte. Ich setzte mich hin und sie begannen sogleich damit, mir ihre Songs und Ideen vorzuspielen. Es war tierisch laut, dennoch merkte ich schnell, dass es diese Jungs musikalisch ziemlich drauf hatten und ihre Instrumente gut beherrschten. Jedoch hatten sie bis auf einen Song, nur halb fertige Lieder und Songteile, welche zwar auf interessanten Ideen basierten, aber eben unfertig und unzusammenhängend waren. Trotzdem war ich begeistert und wir wurden uns schnell einig im nachfolgenden Gespräch. Und so wurde ich der Sänger dieser Band, mit der ich noch einiges erlebte und die sehr wichtig für meine persönliche Entwicklung werden sollte.

Es hätte zu dieser Zeit nicht besser kommen können für mich. Es schien als ob sich meine Träume nun schneller erfüllen sollten, als ich es mir gedacht hätte. Also erkannte ich in dieser Band eine Chance für mich, wie sie so schnell nicht wieder kommen sollte und dementsprechend konsequent - fast schon fanatisch - ging ich dieses Projekt an. Ebenso erkannte ich eine wichtige Aufgabe in dieser Band, nämlich das Zusammenfügen und koordinieren dieser unfertigen Ideen. Gut, für mich bekam diese Band eine Wichtigkeit im Leben, die nur selten einer hatte, vor allem nicht bei meinen Bandkollegen, welche von meinem enormen Zugzwang anfangs sehr begeistert waren. Wir hatten ja nur vier Wochen bis zu diesem, schon vor meinem Eintritt, vereinbarten Konzert, daher musste hier schnell Ordnung reingebracht, Songs geschrieben und ausgearbeitet werden. Kurz bevor ich in diese Band eintrat, fing ich eine Ausbildung zum Allgemeinschlosser an. Ich wollte eigentlich nie ein Schlosser sein, aber es bot sich mir die Möglichkeit an und bevor ich untätig zuhause gesessen wäre, fing ich einfach diese Ausbildung an. Diese rückte natürlich mit dem Eintritt in diese Band vollkommen in den Hintergrund. Ich stand jeden Tag sehr früh auf, da ich eine ziemlich weite Strecke mit dem Zug fahren und daher zeitig los musste. Schon in der Früh hatte ich meinen Schreibblock in der Hand und textete Song für Song. In der Ausbildung dann das selbe, keine Minute, keine Pause, nichts blieb ungenutzt, um zu schreiben und zu komponieren. Selbst an den Wochenenden nahm ich meinen Schreibblock und meine Gitarre, ging in den Wald und komponierte wie ein Verrückter. In dieses Lokal im Dorf ging ich auch noch regelmäßig, aber selbst dort nahm ich immer meine Gitarre und meinen Schreibblock mit. Es musste schon ein total irres Bild abgegeben haben, wie ich von zuhause aus, auf meiner Gitarre spielend, runter ins Dorf spazierte, mich dort ins Lokal an den Tresen setzte, natürlich immer noch spielend und schreibend. Mir war es egal was sich andere dachten, denn ich hatte ein einziges Ziel vor Augen und das wollte ich um jeden Preis erreichen und verwirklichen. Und es gelang mir auch. In kürzester Zeit hatten wir ein komplettes Programm an fertigen Songs und ein Konzept. Besser gesagt, ich hatte dieses Konzept und überrannte die anderen einfach damit. Mein Ziel lag über allem, selbst über den Menschen in meinem Umfeld, meiner Ausbildung und vor allem über mir selbst. Und dann kam der Tag an dem wir das Konzert hatten, auf welches wir hinarbeiteten. Den genauen Ablauf dieses Konzerts habe ich in den Anekdoten beschrieben, trotzdem sei schon vorab erwähnt, dass es ein voller Erfolg war. Obwohl wir als Band auftraten, war es besonders für mich ein voller Erfolg, weil ich merkte, dass ich durch meine extreme Zielstrebigkeit und meinen unbändigen Glauben, viel erreichen konnte. Das Ziel dieses Abends war, für mich zumindest: Supergeilen, heavy Sound abzuliefern; möglichst viele Leute anzusprechen und um jeden erdenklichen Preis in Erinnerung zu bleiben! Alle diese Ziele wurden erreicht. Aber anstatt diesen Erfolg einfach zu geniessen, war es für mich erst recht ein Ansporn noch mehr zu geben und weiterzumachen. Für meine Bandkollegen hätte dieser Erfolg wahrscheinlich schon gereicht, nicht weil sie so bescheiden waren, sondern weil sie sich dieses Ergebnis nicht erwartet hätten. Meiner Motivation waren ab jetzt keine Grenzen mehr gesetzt, daher forderte ich noch mehr von mir ab, aber zeitgleich auch von meinen Bandkollegen.

Die Erfolgskurve ging nun also weiter nach oben und wir erlebten einen Höhenflug. Ich schrieb Songs im Akkord und feilte jede freie Minute an auffälligeren Konzepten. Ich fing an in die Musikschule zu gehen, um mein Gitarrenspiel und vor allem meinen Gesang zu verbessern. Des weiteren versuchte ich mich im Management und suchte Auftrittsmöglichkeiten für uns. Und ich wollte endlich Aufnahmen von uns realisieren. Letzteres wurde sehr schnell Realität, aber nicht durch mein Zutun, sondern durch Beziehungen von einem unserer Bandmitglieder. Und so ging es an die Aufnahmen zu unserer ersten CD, welche in einem kleinen, aber liebevoll hergerichteten Studio, welches sich in einem Gewerbekomplex befand, stattfanden. Man sah die viele Arbeit, die der Studiobesitzer in seinen Traum vom eigenen Studio reinsteckte. In diesem Keller, wo sich das Studio befand, waren auch mehrere Proberäume von Bands, unter anderem von einer Black Metal Band, welche es irgendwie schick fand, ihre Notdurft fast täglich vor diesem Studio zu entrichten. Und so war jeder Aufnahmetag vom gleichen Ritual begleitet: Wir trafen uns vor dem Gebäude, gingen mit dem Studiobesitzer runter ins Studio, an dessen Türe Urin und Erbrochenes klebte, was ihn furchtbar aufregte; dann rauchte er einen Joint zur Beruhigung und dann gingen die Aufnahmen los. Die Aufnahmen waren eigentlich recht schnell abgeschlossen und wir waren furchtbar stolz auf unsere CD, auch wenn ich sie aus heutiger Sicht lieber keinem Gehörgang mehr zumuten möchte und froh bin, dass dieses musikalische Zeitdokument in der Versenkung verschwunden ist. Die CD verkaufte sich dennoch wie geschnitten Brot und so war die erste Auflage schon weg, bevor wir es überhaupt realisieren konnten. Diesen Umstand hatten wir dem enorm großen Freundeskreis meiner Bandmitglieder zu verdanken. Immerhin wuchsen sie in dieser Gegend auf und jeder kannte jeden, was sich schnell als sehr verkaufsfördernd rausstellte.

Und wie es in solchen Dörfern üblich ist, gab es auch jeden Sommer ein riesen Sommerfest, bei dem Unmengen an Leuten kamen und unser Keyboarder jedes Jahr der DJ war. Für mich war es somit ganz klar: unsere Musik musste dort einfach gespielt werden! Dennoch waren wir uns bewusst, dass keiner der Songs von unserer CD auch nur im Entferntesten zu diesem Fest gepasst hätte. Und so entschlossen wir uns kurzerhand einfach einen neuen Song aufzunehmen, um ihn bei diesem Fest von unserem Keyboarder und DJ spielen zu lassen. Gesagt, getan! Und so nahmen wir noch am selben Tag, an dem abends das Fest steigen sollte, einen Song auf, den ich kurz davor geschrieben hatte. Wir wurden fertig, als das Sommerfest schon in vollstem Gange war und unser Keyboarder schon fleissig seiner Tätigkeit als DJ nachging. In Windeseile schnappten wir uns das fertige Tape mit dem neuen und frisch aufgenommenen Song und fuhren zu besagtem Fest, wo ich es dann unserem Keyboarder überreichte. Der DJ stand mit seiner gesamten Anlage wie auf einer Art grösseren Bühne, welche irrsinnigerweise durch einen Maschendrahtzaun vom Publikum getrennt war und so zwängte ich das Tape durch eine der Maschen. Ich gab ihm nochmal den Hinweis, den neuen Song ja bald und oft zu spielen, was er bejahend quittierte. Nun hiess es warten und mir war klar, dass der Song sicher bald laufen würde. Doch es passierte nichts! Also ging ich wieder in Richtung DJ-Bühne, zitierte ihn wieder zu mir her und erinnerte ihn nochmals daran, das Tape ja bald und oft zu spielen, was er jedoch diesmal mit dem lapidaren Satz abtat: "Es passt noch nicht ins Musikprogramm". Des weiteren erinnerte ich ihn daran, dass auch er in dieser Band spiele und wir hier ein grosses Publikum hätten, welches wir so schnell nicht mehr erreichen würden. Irgendwann lenkte er ein und teilte mir mit, dass er es nun doch bald spielen würde. Aber wieder passierte nichts! Der Abend wurde immer später, es gesellten sich immer mehr und mehr Menschen zu dem Fest, die Musik wurde immer lauter und der Alkoholpegel des DJ´s immer grösser, aber unseren Song spielte er nicht. Es trieb mir die Zornesröte ins Gesicht und ich ging ein letztes mal in Richtung DJ-Bühne. Ich schrie und tobte, wobei der bereits erwähnte Maschendrahtzaun sicher schlimmeres verhinderte, denn ich hätte ihn nach Strich und Faden verprügelt. Meine Wut war grenzenlos, der Song wurde immer noch nicht gespielt und so verliess ich enttäuscht das Fest.

Ich übersah zu diesem Zeitpunkt schon die Anzeichen des aufkommenden Unmutes, welcher sich langsam in diese Band schlich und gegen mich richtete. Eben erwähntes Sommerfest war wohl eines der ersten Anzeichen, aber ich war zu verbissen in mein Vorhaben, diese Band nach oben zu bringen und bekannt zu machen. Es zählte nur dieses eine Ziel und dabei ging ich fast über Leichen, oder besser gesagt, alles was nichts mit dem Erreichen dieses Zieles zu tun hatte, so wie zum Beispiel berufliche und private Bedürfnisse meiner Bandkollegen, hatten für mich in keinster Weise eine Bedeutung. Ich steckte auch vieles dafür zurück und erwartete selbiges von meinem Umfeld. Mein Fanatismus und mein Engagement wurden immer grösser, ich schmiss sogar fast meine Ausbildung für dieses eine Ziel. Unser Gitarrist zum Beispiel, hatte eine Freundin, welche natürlich mit gutem Recht auch Zeit und Aufmerksamkeit erforderte, aber ich riet ihm sie zu verlassen, da sie nur unserem Ziel im Wege steht. Mein Scheuklappendenken kannte kein Pardon. Zudem tat sich die Chance auf, bei einem Bandwettbewerb in Italien mitzumachen, bei dem es eine Studioaufnahme, in einem richtig teuren und edlen Studio zu gewinnen gab. Es war klar, dass wir uns anmelden müssten und hinfahren, was wir dann auch taten. In Italien angekommen, spielten wir dann in einer halbwegs gut gefüllten Halle und lieferten eine gute Show ab. Nachdem wir spielten, organisierte ich mir jemanden der wieder in Richtung Nachhause fuhr  und verliess den Bandwettbewerb; und das alles noch vor der Gewinnverkündung. Meine Bandmitglieder konnten es nicht glauben dass ich schon gehe, aber ich tat es in meinem Höhenflug mit den Worten ab: "Ich weiss dass wir gewonnen haben, darum fahre ich nun heim.". Und ich war überzeugt von dem was ich sagte. Dass ich Recht behalten sollte, betsätigte ein Telefonat einige Stunden später, bei dem mir mitgeteilt wurde, dass wir den ersten Platz gemacht hätten, was mich aber nicht mehr sonderlich überraschte. Aus heutiger Sicht gipfelte mein Verhalten fast schon an Arroganz, aber damals war es für mich die logische Schlussfolgerung der vielen Arbeit, die wir da rein steckten. Aber immerhin kamen wir zu unserer Aufnahme in diesem Top-Studio! Es war unsere insgesamt dritte, aber zugleich auch letzte Aufnahme. Denn zeitgleich mit dem steigenden Erfolg, summierten sich auch die Meinungsverschiedenheiten innerhalb der Band. Da ich aber immer nur das eine Ziel vor Augen hatte und mit enormen Fleiss darauf hinarbeitete, übersah ich das Geschehen rund um mich und merkte nicht wie weit wir uns innerhalb der Band menschlich voneinander entfernt hatten, was dann schlussendlich im grossen Showdown gipfelte und alles zerbrach. Meine daraufhin weiteren Bemühungen, noch irgendetwas zu retten und zusammenzuhalten, scheiterten kläglich. Von heute auf morgen war alles was mir wichtig und heilig war, futsch. Wir hatten zwar eine, für damalige Verhältnisse, super Aufnahme in der Tasche, verbunden mit ein paar guten Angeboten, aber das nutzte uns nun alles nichts mehr. Meine Bandmitglieder machten mir klar, dass sie diesen Weg nicht beschreiten und lieber so weiter machen wollten wie sie es davor taten, nämlich als Hobbymusiker. Erleichtert wurde ihre Entscheidungsfindung von reichlich Alkohol, bis mich dann eines Tages, kurz vor Mitternacht ein Anruf erreichte, bei dem mir mit unschönen Worten mitgeteilt wurde, dass sich unsere Wege nun trennen würden. Eine Welt brach für mich zusammen, denn alles was wir uns aufgebaut hatten, all die Mühe, all der Fleiss, alles umsonst. Ich war am Boden zerstört und ich sollte die Auswirkungen dieses Rauswurfs erst nach und nach zu spüren bekommen.

Alle Bandmitglieder wuchsen, wie bereits erwähnt, in diesem

Dorf auf und dort kannte natürlich jeder jeden.   Ich lernte mit der Zeit diese Leute ebenfalls kennen. Ich wurde nach meinem Ausscheiden aus der Band plötzlich gemieden wie die Pest . Alle diese Leute die ich kennengelernt hatte, welche aus dem Umfeld meiner ehemaligen Band stammten, mit denen ich mich zum Teil jeden morgen im Zug zur Arbeit unterhielt, fingen plötzlich an mich zu ignorieren und links liegen zu lassen. Es kam sogar öfter vor, dass jemand den Platz im Zug wechselte, wenn ich mich neben den jenigen sass. Das war richtig hart, denn ich kam mir vor wie ein Schwerverbrecher. Leute, mit denen ich noch Tage zuvor schwatzte, scherzte und lachte, gingen plötzlich an mir vorbei, oder wechselten, wie bereits erwähnt, den Sitzplatz. Und das nur, weil ich nicht mehr bei dieser Band dabei war!? War ich in Ungnade gefallen? Es schien so und ich musste wohl oder übel damit leben. Was konnte man mir denn vorwerfen? Dass ich mit grossem Fleiss und Engagement versuchte unsere Band hochzubringen, damit wir alle den Traum leben können, den viele träumen, aber leider sehr wenige erreichen? Wenn das mein Vergehen war, ja, dann war ich schuldig. Gut, oftmals mangelte es mir an einer gewissen persönlichen und menschlichen Reife. Und meine damalige Schwäche, mich in soziale Strukturen einzufügen, machte es nicht gerade einfacher. Aber eines konnte ich von mir behaupten: mein Handeln war geradlinig. Aber das reichte wohl nicht und brachte mich zu Fall.


Nun folgte eine verdammt harte Zeit. Alles was mir Sinn und Hoffnung gab, war nun dahin. Ich fühlte mich ausgenutzt, benutzt und vom Leben betrogen. Ziemliche Depressionen und eine abgrundtiefe Leere waren die Folge. Ich machte nun zähneknirschend meine Ausbildung zum Allgemeinschlosser fertig, sass in meiner Freizeit die meiste Zeit zuhause und bastelte an irgendwelchen elektronischen Geräten rum, an den Wochenenden oftmals sogar bis in die Morgenstunden hinein. Ich lernte in späterer Folge dann sogar ein paar Musiker kennen, die mich noch aus der Zeit mit dieser Band kannten und mit mir was machen wollten, da sie mein übergrosses Engagement damals auch mitbekamen.  Aber ich scheiterte bei all diesen Projekten auf Grund meiner Depressionen. Ich kam mir vor wie jemand, der zum ersten mal in seinem Leben ein Instrument in der Hand hatte, oder das erste mal in einer Band sang, da ich einfach nichts mehr zustande brachte und jedes dieser Projekte schon beendete, bevor sie eigentlich angefangen hatten, meist sogar nach ein, zwei Proben schon. Ich fühlte mich nirgends mehr so richtig wohl und konnte mich auch nirgends mehr richtig einbringen, zu gross war noch der Schock vom Vergangenen. Aber gut, das Leben musste weitergehen und ich war in der Lage, mich nach einiger Zeit neu zu orientieren, natürlich wieder im musikalischen Bereich. Und so fing ich an, mich sehr für Computer und die damit verbundene neue, digitale Aufnahmetechnik zu interessieren. So baute ich mir über die nächsten vier Jahre, mit viel Liebe und Fleiss ein Tonstudio auf. Ich steckte mein gesamtes Geld hinein und nutzte jede nur erdenkliche, freie Minute, um mich  in diesem Bereich weiterzubilden. Ich kaufte mir Zeitschriften und Bücher und nutzte jede Wartezeit am Bahnhof und jede Zugfahrt dazu, meine Nase tief in die Materie zu stecken. Eine weitere, grosse Motivation war, mir mit meinem eigenen Studio eine vollkommene Unabhängigkeit zu erschaffen und mich musikalisch voll und ganz ausleben zu können, ohne jemanden dafür zu benötigen. Und so war ich fleissig am lernen und aufnehmen. In dieser Zeit entstand auch mein Album "Antistar", welches mir über die Jahre hinweg persönlich  am besten gefiel. Leider stiess das Album bei den Hörern auf keine grosse Zustimmung, da mein damaliger apokalyptischer und experimenteller Sound, bei den meisten eher Angst und Unverständnis auslöste. Dennoch, mir gefiel es und ich finde die Platte bis heute noch grundehrlich.

Durch mein fast schon fanatisches Interesse an Computern und Software, ergab sich dann sogar eine berufliche Perspektive und ich machte noch eine Ausbildung zum Systemadministrator und PC-Techniker. Es war alles andere als leicht diesen Ausbildungsplatz zu bekommen, denn beim Eignungstest scheiterte ich gnadenlos, gemessen an dem Wissensstand meiner Mitbewerber. Dennoch schaffte ich es einen Platz zu bekommen, was aber eher an meiner unerschütterlichen Hartnäckigkeit und der gehörigen Portion Glück lag. Wie auch immer, ich machte somit meine erste Ausbildung, welche mir auch wirklich Spass machte und schloss diese dann auch positiv ab.

Ein weiteres grosses Thema für mich zu dieser Zeit, war die Frage nach meinen Wurzeln, also nach meinem Vater, den ich nie kennenlernte und nach meinen Geschwistern. Nun, mit knapp 30 Jahren, merkte ich dass ich reif bin ein mir wichtiges Kapitel in Angriff zu nehmen. Meinen Vater kannte ich ja nicht, bzw. nur aus einem einzigen Telefonat, welches ich 2-3  Jahre zuvor mit ihm führte. Aber was mich mehr interessierte: hatte ich Geschwister? Wenn ja, ist es ein Bruder, eine Schwester, oder gar mehrere? Ich hatte aus besagtem Telefonat mit meinem Vater ja nur ganz vage Angaben. Als ich meinen Vater damals suchte, oder zumindest eine Kontaktmöglichkeit, hatte ich bis auf seinen Namen und dem Land in dem er wohnte, absolut keine Angaben. Ich versuchte dann schlussendlich seine Kontaktdaten über das Gericht zu eruieren und hatte Erfolg. Internet war ja damals noch nicht in jedem Haushalt zu finden, aber mein Glück war, dass ein Richter Internet in seinem Büro hatte und mir die Kontaktdaten, besser gesagt die Telefonnummer, recht unbürokratisch besorgte. Noch am selben Tag rief ich bei meinem leiblichen Vater an, der selbstredend natürlich sehr überrascht und verdutzt war. Letzteres traf wohl eher zu, denn es wurde ein eher belangloses Telefonat. Am Schluss des Telefonats bat er mich am nächsten Tag nochmals anzurufen, was ich auch tat. Leider ohne Erfolg, er hob das Telefon nie mehr ab. Obwohl es mich ärgerte,   hakte ich das Thema ab und fand mich mit der Tatsache ab.

Und nun, 2-3 Jahre später, wollte ich diese Angelegenheit nochmals angehen, nur mit dem Fokus auf der Frage: habe ich Geschwister; wenn ja, dann wieviele? Ich musste wieder von vorne beginnen und den Kontakt erneut aufbauen. Daher rief ich kurzerhand wieder bei meinem Vater an und stellte ihm diese Frage direkt. Ich hatte Glück, er hob ab, wahrscheinlich auch deshalb, weil er sicher nicht mehr daran dachte dass ich mich nach dieser Zeit wieder melden würde. Dieses Gespräch verlief schon um einiges besser und er gab mir offenherzig Auskunft und beantwortete meine Fragen. Ich war sehr nervös, handelte es sich doch um etwas ganz entscheidendes für mein Leben. Er verriet mir, dass ich insgesamt drei Schwestern hätte. Aber die größte Überraschung für mich sollte erst kommen, denn eine dieser drei Schwestern war eine gute Freundin von mir, mit der ich sogar in die Schule ging und auch sonst viel Zeit verbrachte. Wir schlugen uns gemeinsam die Nächte um die Ohren und waren beide dem Alkohol nicht abgeneigt, was öfter dazu führte dass ich bei ihr in ihrer Wohnung schlief. Als ich erfuhr dass eben jene Frau meine Schwester war, war ich irgendwie beruhigt dass nie etwas in sexueller Hinsicht zwischen uns passierte. So abwegig wäre es nicht gewesen, wenn man die Fakten zusammenrechnete: Mann und Frau und viel Alkohol. Aber gut, es passierte nichts. Es war als ob wir damals schon spürten dass wir Geschwister waren. Interessant war ebenso, dass genau jene besagte Schwester auch mich zur selben Zeit suchte. Örtlich waren wir schon seit Jahren getrennt und Kontakt hatten wir ebenfalls schon lange keinen mehr. Und dennoch hatten wir wohl zur selben Zeit den selben Gedanken und den selben Wunsch uns wieder zu sehen. Sie wandte sich ebenfalls an meinen Vater, nur mit dem Unterschied, dass sie ihn schon kannte. Dies führte schlussendlich dazu, dass sie sich gemeinsam auf die Suche nach mir machten. Sie wusste zwar schon dass ich ihr Bruder war, aber sie wusste nicht wo und ob ich noch lebte. Wie auch? Kein Mensch aus meiner früheren Heimat wusste dass ich mir in Tirol ein neues Leben aufgebaut hatte. Sie wies ihn also an, nach mir zu suchen und Verwandte aller Art telefonisch zu kontaktieren, in der Hoffnung irgendwer würde wissen wo ich mich aufhalte. Aber diejenigen die es wussten sagten nichts und die anderen wussten nichts. Und das war auch gut so.

Nachdem wir in Kontakt kamen, telefonierten wir recht oft miteinander. Oft sogar stundenlang. Darum dauerte es dann auch nicht lange und es kam zum ersten Treffen nach all den Jahren. Der Geburtstag meines kleinen Neffen, den ich auch noch nie sah, bot den Anlass für das Treffen. Ich fuhr also raus in meine alte Heimat und war mächtig nervös. Als erstes traf ich meine Schwester und  dann lernte ich auch noch meinen kleinen Neffen kennen. Mein Vater, der später dazukam, war ebenfalls eingeladen, aber er wusste nichts von meiner Anwesenheit. Meine Schwester kam dann auf die Idee, dass ich unseren Vater bei seinem Kommen etwas auf den Arm nehmen solle, in dem ich mich bei ihm unter falschem Namen vorstelle. Ich war sowieso schon sehr angespannt, aber durch diesen kleinen Streich meiner Schwester stieg meine Nervosität ins Unermessliche. Ich sass also am Tisch, er kam rein, ich stellte mich unter einem anderen Namen vor und er setzte sich ebenfalls zum Tisch. Es dauerte keine Minute und er blickte nochmals in meine Richtung und fragte mich, wer genau ich nochmal sei, als ob er genau spürte dass da was nicht stimmen konnte. Meiner enormen Nervosität war es dann zu verdanken, dass ich dieses eigentlich als Scherz gedachte Schauspiel nicht lange durchhielt, was recht schnell dazu führte, dass ich ihm ganz klar sagte, dass ich sein Sohn wäre. Seine Reaktion ist mir bis heute ein Rätsel, denn er stand auf, holte seine Geldtasche raus und gab mir einen 50.- Euro Schein. Aber so eigenartig seine erste Reaktion auch war, so nett entwickelte sich dann der Rest des Abends. Man lernte sich kennen, schwätzte ein wenig und verblieb mit dann mit dem guten Vorsatz, den Kontakt weiter zu halten, was auch einige Zeit danach hielt. Ich nahm den guten Vorsatz eigentlich sehr ernst, war auch um weiteren Kontakt bemüht und versuchte in späterer Folge ein weiteres Treffen mit meinem Vater zu realisieren. Leider wurde ich aber immer vertröstet, oder er war gleich gar nicht zu erreichen. Als ich dann Monate später zusätzlich noch von seinem Unmut erfuhr, weil ich mich anscheinend nicht standesgemäß und rechtzeitig zu Weihnachten meldete, so wie er es gerne gehabt hätte, verlor ich ziemlich schnell mein Interesse an einem weiterem Kontakt zu ihm. Ich konnte eigentlich ganz gut umgehen damit, da ich die vielen Jahre davor auch ganz gut ohne ihn zurecht kam. Dennoch versuchte ich den gewissen Respekt zu wahren und die Geschichte gedanklich im Guten abzuhaken. Mit einer meiner Schwestern hatte ich dann noch über längere Zeit Kontakt, aber auch da kam es irgendwann zu Differenzen und Streit, was dazu führte, dass auch dieser Kontakt irgendwann endete. Die beiden anderen Schwestern traf ich leider bis zum heutigen Tage nie. Vielleicht ergibt sich einmal die Möglichkeit, was sehr schön wäre, aber wenn nicht, dann hat es einfach nicht sein sollen.

Zeitgleich mit diesem Kapitel, ging nun auch meine Therapie nach fast sieben Jahren zu Ende. Ich erlebte sehr viel in dieser Zeit und durfte viel über mich lernen. Es war wirklich eine sehr aktive und lehrreiche Zeit. Ich suchte meinen Weg und fand ihn stellenweise sogar. Leider gab es aber auch sehr viele Misserfolge. So tat ich mich in meinem beruflichen Weg zeitweise sehr schwer, da ich es einfach nicht einsah, dass ich nur für die Hilfsarbeiter-Baustellenjobs geeignet gewesen wäre. Nicht dass diesem Beruf etwas negatives anzulasten wäre, aber es war für mich ein Grauss, fast 10 Stunden auf Baustellen rumzuspringen, Abends heimzukommen, zu nichts mehr fähig zu sein und am nächsten morgen geht es mit dem gleichen Muster wieder weiter. Nein, ich war mir keineswegs zu schade dafür, aber mich interessierten einfach so viele andere Dinge. Und ausserdem erlebte ich schon mal, wohin es führen konnte, wenn ich nicht schnellstens einen Weg aus diesem Dilemma fand. Und so fand ich bald mal Geschmack an Ausbildungen aller Art. Ich fing an mit einer Schlosserausbildung, bis es dann weiter ging zur PC und Computertechnikerausbildung, zur Unternehmerprüfung, diversen Netzwerk- und Elektronikkursen und allem was mich sonst noch so  interessierte und mir Spass machte. Natürlich schloss ich alle Ausbildungen positiv ab. Und so gingen diese sieben, tollen, aufregenden und beschützten Jahre auf Therapie dem Ende zu und ich konnte wahrlich stolz sein auf das Erreichte. Auf eines war ich jedoch immer am meisten stolz: dass ich mich bis heute zu den wenigen zählen darf, welche es geschafft haben, diesem Drogensumpf zu entkommen und ein neues Leben anzufangen.

## Der Weg ins Ungewisse - nach der Therapie

Nach sieben aufregenden und tollen, aber auch harten  Jahren auf Therapie, zog ich nun aus. Ich fühlte mich gut und wohl, hatte ein wenig Geld in der Tasche, ein Auto besass ich auch schon und bei einer neuen Arbeitsstelle fing ich kurz davor auch an. Es kam genau so wie mir der Leiter der Therapiestation immer prophezeite: "Eines Tages wird es innerlich für dich klar werden und das Gefühl wird passen, dann ziehst du aus". Ich hatte doch immer etwas Angst davor und konnte es mir nach den fast sieben Jahren eigentlich nie wirklich vorstellen, eines Tages wirklich auszuziehen, denn ich hatte alles hier,  fühlte mich dort daheim und hatte "meine" Leute um mich. Aber es passierte exakt so wie er es mir voraussagte. Eines Nachmittags las ich die Tageszeitung, sah bei den Inseraten eine Wohnung, besser gesagt ein leistbares Zimmer, rief an und hatte 2 Tage später den Mietvertrag in der Tasche und bereitete mich auf meinen Auszug vor. Etwas Zeit benötigte ich ja noch, da ich zuerst einiges verkaufen und entsorgen musste, denn ich hatte soviel Zeugs angesammelt, welches nicht im geringsten Platz in meinem neuen, gemieteten Zimmer gehabt hätte. Ich hatte ja bis zu diesem Zeitpunkt im Haus eine eigene Werkstatt, dazu ein sehr grosses Zimmer und diverse Abstellmöglichkeiten und Kästen im gesamten Haus verteilt.  Es hatte sich wirklich sehr viel angesammelt, von Instrumenten, bis hin zu Elektronikteile aller Art, tausende Schallplatten und viel Allerlei. Das ganze nun auf circa 20qm unterbringen, war schier unmöglich. Daher verkaufte ich die Dinge, welche ich zu Geld machen konnte und den Rest, also ausgeschlachtete Elektroniksachen und Bastelmaterialien, brachte ich zur Mülldeponie. Trotzdem war immer noch sehr viel vorhanden von dem ich mich nicht trennen wollte und konnte, darunter meine komplette Studioausrüstung, viele Verstärker und einen Haufen Computerzeugs. Und so stopfte ich mein neues Heim sogleich mit all den Sachen voll und kam sozusagen vom Regen in die Traufe.

Da ich mich mit Abschieden von je her immer schwer tat, versuchte ich auch jetzt Abschiedsszenen zu vermeiden und vollzog den Umzug kurz und schmerzlos. Hätte ich damals schon gewusst in was für ein Abenteuer ich mich damit stürtze, wäre ich wahrscheinlich gar nicht erst ausgezogen. Aber das konnte ich ja nicht ahnen und so kam ich in kürzester Zeit in meiner neuen Wohnung an. Nun stand ich da, in meinem neuen Zimmer, vollgepackt mit allem möglichen Kram und war guter Dinge, diesen neuen Lebensabschnitt gut zu meistern. Anfangs sah auch alles nach einem guten Start aus. Ich hatte wie erwähnt eine neue Anstellung bei der Post, wo ich im Nachtdienst arbeitete, was mir anfangs auch richtig gut zusagte. Dann lernte ich auch ziemlich schnell eine Frau kennen, mit der ich zusammenkam. Ebenso lernte ich über eine Zeitungsannonce ein paar junge Musiker kennen, die einen Gitarristen suchten. Ok, es war zwar nicht der Sound, den ich gewohnt war zu spielen und der meinen Geschmack traf, aber es machte unheimlich Spass, vor allem weil ich mich gut mit den Leuten verstand und sich recht bald die ein und andere Freundschaft daraus entwickelte. Alles

128

ging bergauf und ich war, für eine kurze Zeit zumindest, sehr glücklich, dass sich mein Leben so gut entwickelte und ich einen so tollen Start in diesen neuen Lebensabschnitt fand. Aber leider war dieses Glück, wie so oft in weiterer Folge, nur von sehr kurzer Dauer. Meine Freundin und ich trennten uns ziemlich schnell und auf eine sehr ungute Weise und mein Nachtdienstjob, welchen ich anfangs als spannend und passend empfand, entwickelte sich mit der Zeit zum vollkommenen Albtraum, da ich, wie so viele andere in diesem Job, an der Schlaflosigkeit litt, was sich extrem auf meine Gesundheit und meinen Allgemeinzustand auswirkte. Und mit der Band und dem neuen Freundeskreis ging es auch bald den Bach hinunter, da zeitgleich zu den immer mehr werdenden Auftrittsmöglichkeiten der Erfolgsdruck und somit die Streitereien stiegen. Es dauerte nicht lange und ich sass vor vollendeten Tatsachen. Freunde hatte ich so gut wie keine, leider auch kaum mehr Kontakt zu all den jenigen mit denen ich auf Therapie war, mein Herz war gebrochen, da mir schon etwas an dem Mädchen lag mit dem ich zusammen war und die Schlaflosigkeit, bedingt durch die andauernden Nachtschichten, machte mich wirr und krank. So toll der Start ins neue Leben war, so brachial änderte sich plötzlich alles und sollte leider für lange Zeit so bleiben. Ich war am Boden zerstört. Es fing so gut an, trotzdem tat sich aus dem Nichts eine Abwärtsspirale auf, der ich machtlos gegenüber stand. Nach all den Jahren des Aufbaus, des persönlichen Reifens und des Hinarbeiten auf eine gute Zukunft, stand ich nun der kompletten Einsamkeit und Leere gegenüber. Leider war das erst die Vorstufe zu einem lange anhaltenden Zustand, der immer schlimmer wurde. Als ich dann noch meinen Job bei der Post kündigte, da meine Gesundheit diese ewige Schlaflosigkeit nicht mehr mitmachte und somit auch noch finanzielle Probleme dazukamen, liess sich dieser Teufelskreis nicht mehr aufhalten.

Ein Abgrund tat sich schlagartig auf und diesmal wusste ich nicht woher das plötzlich alles kam. Dadurch dass ich nun auch keinen Job mehr hatte, ging mir natürlich ganz schnell mal das Geld aus, was zu massiven Schuldenproblemen führte. Selbst das Essen konnte ich mir kaum mehr leisten, daher machte ich meistens Nudeln, welche ich nur halb durch kochte, weil ich mir einbildete dass so der Magen länger mit der Verdauung beschäftigt war. Auch mein sowieso schon günstiges Zimmer konnte ich nicht mehr bezahlen, blieb Miete schuldig und wartete eigentlich nur noch jeden Tag auf den Rauswurf. Bis heute frage ich mich noch, wie, oder besser gesagt mit was mein Auto überhaupt fuhr? Eine gültige Prüfplakette hatte ich schon länger keine mehr drauf und tanken wurde zum Luxus. An den Tankstellen war ich kein gerne gesehener Gast mehr, da ich irgendwann anfing, um Summen in der Größenordnung von ca. 4,25.- zu tanken. Bezahlt habe ich meist mit irgendwelchem zusammengesammelten Münzgeld, welches irgendwann nur noch aus Cent-Münzen bestand. Tanken war sowieso sehr heikel und entwickelte sich zum Drahtseilakt. Ich wusste, dass ich keinesfalls über die vorhandene Summe kommen durfte, was bei so Beträgen wie 4,25.- schon einem Kunststück glich.

Aber immerhin war mir kurzzeitig ein wenig Glück hold und ich fand wieder einen Job. Diesmal sogar meinen „Traumjob", wie ich naiverweise anfangs dachte. Ich fand nämlich eine Stelle als Tontechniker. Ich hatte mich bei dieser Firma im Laufe der letzten Jahre immer und immer wieder aufs neue beworben, nur diesmal mit Erfolg und so fing ich bald wieder an zu arbeiten. Diese Firma stellte mich als Tontechniker ein und versprach mir einen Bomben-Gehalt. Ich war irgendwie geblendet ob der Tatsache dass ich nun endlich meinen Traumberuf gefunden hätte. Und so fing ich dort an zu arbeiten. Aber schon in den ersten Tagen merkte ich, dass alles anders kam wie vereinbart. Meine Arbeitstage umfassten eine Durchschnittsarbeitszeit von 17 Stunden (!) pro Tag. Es wurden im Vorfeld immer wieder freie Tage ausgemacht, welche aber am Abend vor so einem freien Tag einfach gestrichen wurden. Und es war einer der härtesten Jobs die ich jemals machte und das nicht nur auf Grund der langen Arbeitszeit. Genau ein mal stand ich dann auch wirklich am Mischpult und machte für eine knappe Stunde die Tontechnik, den Rest meiner meist pausenlosen Arbeitszeit verbrachte ich mit dem Auf- und Abbau von richtig schweren Tonanlagen und deren Gerüsten. Weiters kam hinzu, dass ich mir durch meine Geldknappheit auch nicht wirklich etwas zum essen kaufen konnte und somit hungrig in die Arbeit ging und nach einem meist 17 Stunden Arbeitstag wieder hungrig zu Bett ging. Ich dachte mir nur: "Durchhalten! Wenigstens einen Monat, bis ich mir was zu Essen und Sprit leisten konnte!". Aber es kam anders, denn es wurde mir zu viel und ich konnte die Kraft dafür einfach nicht aufbringen. Zeitgleich mit meinem Selbstvertrauen, ging also auch dieser Job den Bach hinunter und das selbe Spiel ging wieder von vorne los. Des weiteren war ich zu stolz mir Hilfe zu suchen und um eine Sozialunterstützung anzusuchen. Nur auf langes Zureden eines Freundes hin, ging ich dann irgendwann zum Sozialamt und beantragte eine einmalige finanzielle Unterstützung, die ich dann auch anstandslos bekam. Da nun mein Bauch voll war, die Miete bezahlt und der Tank gefüllt, konnte ich mir endlich mal darüber Gedanken machen, wie es weiterginge. Da ich ein Problem mit meiner Nase und in dieser Zeit sowieso keinen Job hatte, wollte ich diese Zeit nutzen, um mich endlich mal darum zu kümmern. Gesagt, getan und ich liess mich operieren. Es war eigentlich ein Standardeingriff und ich wäre planmäßig nach 2 Tagen wieder daheim gewesen, was auch bei allen anderen der Fall war, welche diese Operation am selben Tag wie ich hatten. Nur bei mir nicht, denn irgendetwas ging schief bei der Operation. Extreme Schmerzen, eine Schmerzbehandlung mit Opiaten und ein fast zweiwöchiger Klinikaufenthalt waren die Folge. Na toll!

Und so reihte sich ein Problem auf das andere. Aber was ich als weitaus schlimmer empfand, war die Erkenntnis, dass sich durch diese Pechsträhne meine Persönlichkeit massiv veränderte. Ich war stets verlässlich, pünktlich und geradlinig. Plötzlich war von all diesen Eigenschaften nichts mehr übrig. Ich verschlief jeden Termin, man konnte sich nicht mehr auf mich verlassen und ich musste meine Ehrlichkeit in Frage stellen, da meine Gedanken nur noch darum kreisten, wie ich irgendwie zu Geld, somit also zu Nahrung und Mobilität komme. Ich liess mich vollkommen gehen. Starke Depressionen waren die Folge und gaben mir entgültig den Rest. Und das mir, einem Menschen der sich so gut entwickelte. Die ganzen Jahre zuvor, die ich dazu nutzte meiner Drogensucht zu entkommen - und das mit Erfolg -, meine ganzen Ausbildungen, welche ich mit Spass, Neugierde und Freude machte und meine ganze Arbeit an mir selbst, um mir ein neues Leben zu erschaffen; zählte das alles plötzlich nichts mehr? Machte ich das alles nur, um jetzt so ein Leben zu haben? Diese Frage stellte ich mir sehr oft. Zu den Drogen griff ich aber trotzdem nicht mehr, denn davon hatte ich genug und war persönlich schon zu weit weg davon. Dafür schlitterte ich in sehr tiefe Depressionen, welche einfach alles überschatteten und mir den Schlaf raubten Nacht für Nacht. Als dann noch die Kündigung meiner Wohnung ins Haus flatterte, war ich der Selbstaufgabe wirklich nah. Aber einer glücklichen Fügung war es zu verdanken, dass ich genau in dieser Zeit dann doch einen Job fand, bei dem eine Unterkunft dabei war. Ich wurde Hausmeister in einem Hotel. Endlich verdiente ich wieder Geld und hatte ein Dach über dem Kopf. Genau genommen handelte es sich um ein kleines Hotelzimmer mit Kochgelegenheit und Dusche. Aber ich war zufrieden damit und blieb dort immerhin sieben Jahre meines Lebens.

Die Depressionen wurden weniger, mein Magen war wieder regelmäßig satt und der Lebensstress wurde weniger. Aber auch dieses Glück sollte nicht lange halten, denn ich verlor diese Stelle bereits nach einem Jahr wieder. Ich hatte von je her ein Problem mit Menschen die meinen, sie müssen ihre Launen an anderen Leuten auslassen. Mein Problem dabei war, dass es sich dabei um die Chefin des Hauses handelte und ich ihr sogleich klarmachte, dass sie so mit mir sicher nicht umspringen müsse, nur weil sie schlechte Laune hätte. Sie war es natürlich nicht gewohnt, dass ihr ein Mitarbeiter so forsch die Meinung sagte und widersprach. Das hatte zur Folge, dass ich kurz darauf die Kündigung erhielt. Nur dem Wohlwollen des Hotelbesitzers, in dessen Haus ich mein Zimmer hatte, war es zu verdanken, dass ich nicht auch noch mein Dach über dem Kopf verlor, was ja mit der Kündigung automatisch einher gehen sollte, da mein Arbeitsplatz im einen Hotel indirekt auch mit diesem Hotel wo ich wohnte verbunden war. Ich bin diesem Mann und seiner Familie, in dessen Haus ich untergebracht war, noch bis heute sehr dankbar! Er wusste, dass ich weder Miete zahlen konnte, noch sonst eine Zukunftsaussicht hatte, aber er glaubte an mich, gewährte mir Obdach und versorgte mich auch ab und an mit Essen. Hätten er und seine Familie nicht so grosszügig und uneigennützig gehandelt, hätte es sicher richtig böse für mich geendet.

Und so war ich wieder eine kurze Zeit ohne Orientierung, ohne Job, ohne Geld, aber dafür mit einem Dach über dem Kopf. Glücklicherweise ging es diesmal nicht lange und ich fand einen Job, der wenigstens ein wenig Geld reinbrachte. Diesen Job hatte ich einem damaligen Kollegen zu verdanken, der studierte und dort nebenbei geringfügig jobbte. Er nahm mich eines Tages mit, ich sass mich an einen freien Arbeitsplatz und telefonierte ein paar Stunden die Woche, was mir ein paar wenige Euros einbrachte. Ja, es war ein Keilerjob, aber ich hatte kein Problem damit, denn ich musste auch von irgendetwas leben. Es war ein reiner Studentenjob und es herrschte ein reger Mitarbeiterwechsel in dieser Firma. Doch dann entwickelte sich etwas, was ich so nicht geahnt hätte: Ich stieg beruflich auf und hatte plötzlich eine gute Position in dieser Firma. Anscheinend musste ich ein Talent dafür gehabt haben und diese Fähigkeit machte es ziemlich schnell möglich, dass ich den ganzen Laden alleine schmiss. Aus dieser geringfügigen Tätigkeit, wurde bald so etwas wie ein fester Job mit geregelter Arbeitszeit. Mein Verdienst war zwar nicht immer gut, aber ich lernte dadurch mit Geld umzugehen und kam gut über die Runden. Aus diesem kleinen Job wurde dann irgendwann sogar ein Vertriebsleiterposten, was dazu führte, dass ich dann immerhin sieben Jahre in dieser Firma tätig war.

Natürlich war ich in dieser Zeit auch musikalisch tätig. Genau genommen war meine gesamte Freizeit mit Musik ausgefüllt. Ich spielte in mehreren Bands zeitgleich, suchte und versuchte mein Glück in den verschiedensten Musikrichtungen und spielte viele Live-Konzerte. Meine Orientierungslosigkeit und mein nicht gerade von Glück beseeltes Leben, spiegelte sich natürlich in meinem musikalischen Wirken wider, daher mag es vielleicht auch verständlich sein, dass ich heute die Veröffentlichungen aus dieser Zeit ganz weit unten in meiner Schublade der Erinnerungen versteckt halte. Ich bin nicht gerade stolz auf diese Zeit und die damit verbundenen musikalischen Veröffentlichungen, trotzdem ist es mir bewusst, dass diese Zeit zu meinem Leben gehört und ich auch sehr viel dazulernte, nicht nur rein musikalisch, sondern auch über mich als Mensch. Und daher möchte ich diese Erfahrung auch nicht missen. Dieser miserablen Zeit zum Trotz, hielt ich mich an das einzige was mir noch wertvoll war und das war nunmal die Musik. Was hätte ich noch zu verlieren gehabt? Eigentlich gar nichts mehr. daher setzte ich alles auf eine Karte und machte Musik wann und wo es ging. Nach der Arbeit fuhr ich zum Fluss, setzte mich hin, spielte Gitarre und schrieb Songs, abends ging ich zu irgendeiner Bandprobe, oder spielte in irgendeinem Lokal, meist um ein Butterbrot und vor einem mehr als desinteressierten Publikum. Später versuchte ich mich in Strassenmusik, spielte nebenbei bei einem Chor mit und und und. Unter all den vielen Konzerten die ich spielte, waren nur ganz wenige dabei, an welche ich mich heute noch gerne zurückerinnere. Und das auch nur, weil es Spass gemacht hat, oder weil irgendwas passierte was mich heute noch zum schmunzeln bewegt. Als Highlight empfand ich damals nur jene Konzerte, welche mich finanziell über Wasser hielten und wenigstens meine Grundversorgung sicherten. Einmal spielten wir auf einer Hochzeit, allein mit dieser Gage konnte ich damals alle meine Mietschulden abzahlen und mal richtig was zu futtern kaufen. Der Alltag sah eine Zeit lang eigentlich immer gleich aus: Ich stand sehr früh auf, fuhr ins Büro, machte meinen Job, hörte gegen Nachmittag auf, fuhr zum Fluss und spielte Gitarre und schrieb Songs, ging heim, druckte Konzertplakate aus, fuhr auf eine Probe und ging nach der Probe, meist Nachts, noch zur Universität und kleisterte meine selbstausgedruckten Plakate auf jede erdenkliche Plakatwand in jedem Stockwerk. So kam ich meist spätnachts nach Hause. Leider hatte ich zu allem

Überfluss noch enorme Schlafstörungen, was dazu führte, dass
ich meist unausgeschlafen und hungrig den nächsten Tag mit
dem selben Trauerspiel begann. An Tagen, oder besser gesagt
Nächten, an denen wir dann irgendwo ein Konzert hatten, fielen
die Schlafstörungen dann sowieso nicht mehr so ins Gewicht, da
die Nacht meist so kurz war, dass es auch schon egal war. Für
mich war diese Zeit ein ständiges und tagtägliches Durchhalten,
in der Hoffnung dass es eines Tages wieder besser und anders
wird. Und das wurde es auch, aber es sollte noch eine Zeit dau-
ern.

Ein weiteres grosses Thema für mich waren Frauen. Ich hatte
sehr lange Zeiten in denen ich partout keine Partnerin fand,
dann aber gab es Zeiten in denen ich so viele hatte, dass es mir
richtig zuviel wurde. Ein Zwischending gab es nie, nur immer
diese wechselseitigen Extreme. In „hungrigen" Zeiten ging ich
dann einige Male ins Bordell und holte mir dort, was ich glaubte
zu suchen, liess das aber wieder, da mir einerseits das Geld zu
schade war und ich andererseits einen inneren Gewissenskon-
flikt bekam, bei dem ich merkte dass ich mir hier etwas vor-
machte und käufliche Liebe nie das ersetzen konnte was ich
wirklich suchte. Und so kam es, dass ich nach einer sehr langen
und einsamen Zeit, eine Frau kennenlernte, die mir etwas vermittelte, das ich bis Dato nicht wirklich kannte, aber wohl immer
suchte. Wir waren zwar nur eine verhältnismäßig kurze Zeit zusammen, aber es war für mich wie ein wunderbarer Traum. Ich
fühlte das erste mal so etwas wie Liebe, auch wenn sich später
rausstellte, dass alles nur eine Seifenblase war, welche genau so

schnell platzte, wie sie auftauchte. Sie gab mir das erste mal in meinem Leben das Gefühl von Liebe, dass ich für jemand da sein kann, dass ich gebraucht werde und vor allem, dass jemand für mich da ist. Jeden neuen Tag mit ihr erlebte ich plötzlich so, als wäre ich im Paradies. Ich war verliebt bis über beide Ohren und nahm mich und meine Umwelt plötzlich ganz anders wahr. Ich fühlte mich fantastisch und es war wunderschön. Leider stand mir meine damalige Lebenssituation beträchtlich im Wege. Als Habenichts, mit kaum Geld in den Taschen, getrieben von irgendwelchen Trugbildern denen ich nachlief; das konnte einfach nicht gut gehen. Sie war nämlich das genaue Gegenteil: Erfolgreich in allem was sie machte, finanziell gut ausgestattet und sie hatte auch einen sehr grossen Background in Punkto Familie und Freunde. Ich gab mir unglaublich viel Mühe, um nur annähernd mithalten zu können und ging heimlich nebenher arbeiten, um wenigstens etwas Geld in der Tasche zu haben, damit wir etwas gemeinsam unternehmen konnten. Als sie mir dann aber eines Tages, ganz unverhofft und unverblümt am Telefon mitteilte, dass es aus wäre zwischen uns, war meine Trümmerwelt wieder komplett, nur mit dem Unterschied, dass ich ab diesem Zeitpunkt in eine nicht mehr enden wollende, tiefe Depression stürzte. Mein Herz war nicht gebrochen, nein, es war zertrümmert und zerschmettert. Dieser Liebeskummer allein war ja nicht mal das schlimmste, sondern mehr die Tatsache, dass es mir vor Augen führte, wie einsam ich eigentlich war und wie tief ich in meinem Leben eigentlich gesunken bin, ohne dass ich auch nur einen vernünftigen Grund dafür erkennen konnte. So versank ich in eine richtig tiefe Depression. Aus dieser Depression entstand dann die Selbstaufgabe, aus welcher dann schlussendlich abgrundtiefer Hass wurde. Eigentlich dachte ich, dass ich diesem schlechten Wegbegleiter, namens Hass, schon vor langer Zeit und für immer den Rücken kehrte, aber diese Zeit lehrte mich eines besseren. Die Gewalt in meinem Kopf stieg ins Unermessliche. Ich konnte nicht mehr schlafen, war ständig unter Hochstrom und vermied sogar mit der Zeit den Kontakt zu Menschen, da ich nur noch den starken Drang hatte, jedem eine auf's Maul zu hauen. Als ich dann eines Tages, nach der Arbeit, einen Busfahrer vermöbeln wollte, nur weil er mich zufällig anschaute, erkannte ich, dass ich nun etwas unternehmen musste, bevor Schlimmeres passiert. Und so suchte ich mir Hilfe und liess mir zusätzlich etwas verschreiben, um wieder mal an etwas zu Schlaf zu kommen. In weiterer Folge ging ich dann in eine psychotherapeutische Behandlung und liess mir zudem noch Antidepressiva verschreiben. Der Tiefpunkt war erreicht und meine Verbitterung über mein Leben kannte nun keine Grenzen mehr. Die Antidepressiva schalteten meine Gefühle mehr oder minder aus und brachten sie auf einen erträglichen Level, zumindest hin und wieder. Und so zog ich mich immer mehr und mehr zurück, wollte nirgends mehr teilhaben, nirgends mehr hingehen und niemand mehr sehen. Mein kompletter Alltag änderte sich nun. Nach der Arbeit fuhr ich nach Hause und verkroch mich in meinem Zimmer. Ich fing an sehr viel zu lesen und trat deshalb der Bücherei bei, welche sich glücklicherweise genau auf der gegenüberliegenden Strassenseite von meiner Wohnung befand. Ich lieh mir massenweise Bücher aus und las bis spät in die Nacht. Eines Tages beschloss ich dann selbst ein Buch zu schreiben. Um meinem Vorhaben noch eines drauf zu setzen, besorgte ich mir Tinte und Feder und schrieb alles von Hand. Ich verbrauchte Gläserweise an Tinte! Ich verschanzte mich über vier Monate in meiner Wohnung, hörte  immer nur die selbe Musikkassette, nämlich Little Richard, und schrieb an meinem Buch. Ich schrieb mir all meinen Frust, all meinen Hass und all mein Leid von der Seele. Ich sprach mit niemandem, ging nirgends hin und vollendete mein Hass-Werk. Inhaltlich war es ein grausames und chaotisches Buch, aber ich zog es durch, schrieb es fertig und merkte plötzlich, wie ich mir all meinen Ballast von der Seele geschrieben hatte. Nach Monaten der Schreibarbeit beendete ich dann meine Psychotherapie, hörte auf Antidepressiva zu nehmen und hatte das Gefühl, als ob ein riesen Felsbrocken von meiner Seele runtergefallen wäre. Das hiess zwar nicht, dass ich nun alle meine Probleme als gelöst betrachten konnte, aber ich verspürte eine grosse Erleichterung. Meine extreme Agression war weg und ich konnte plötzlich wieder durchatmen.

Nach dieser Odyssee zeigte mir das Leben wieder seine ironische Seite. Ich war zwar noch ziemlich durcheinander  von den vorangegangenen Monaten und weit entfernt von einer positiven Grundstimmung, aber plötzlich passierte etwas, mit dem ich am wenigsten gerechnet hätte: Ich hatte auf einmal Frauen ohne Ende! Ich hatte keine Ahnung, woher diese plötzliche Anziehungskraft her kam, aber sie war definitiv da. Es gab Tage, da hatte ich drei Dates hintereinander – und das am selben Tag! Ich landete davon mindestens mit einer im Bett. Gut, ich sträubte mich nicht dagegen. Im Gegenteil, ich holte irgendwie alles nach, was mir in den Jahren zuvor  entging. Es gab keine Fantasie die ich nicht auslebte. Ich hatte nicht mal die Zeit dafür, gross nachzudenken, daher nutzte ich jede Gelegenheit aus, denn ich wusste ja nicht wie lange mir dieses Glück beschieden sein würde. Aber es blieb mir sehr lange beschieden. Zumindest bis zu dem Tag als ich genug davon hatte und wie ausgebrannt war.  Ich war ja schliesslich keine Maschine. Was aber sicher am meisten zu meinem sexuellen „Burn-Out" beitrug, war die Tatsache dass ich mit keiner der Damen richtig glücklich war. Es war Sex, ohne Hemmung, ohne Tabu, aber dafür auch ohne Liebe und ohne dem geringsten Empfinden von irgendeiner Zuneigung oder ähnlichem. Und das machte mich dann schlussendlich auch wieder auf irgendeine Art unglücklich und ich merkte, dass etwas ganz essentielles fehlte. Nichts desto trotz war es eine Zeit die ich absolut nicht missen möchte, nicht nur weil mein sexueller Horizont in ungeahnte Sphären wuchs, sondern weil ich dadurch erkannte was mir wirklich wichtig in einer Beziehung und auch im Leben ist.

Ich beendete also diese amoröse Zeit und merkte wie ich innerlich ruhiger geworden war. Ich hatte plötzlich nicht mehr so den Lebensstress, kam finanziell immer besser über die Runden und mein Lebensfrust und der Weltenbrand in meinem Kopf verabschiedeten sich immer mehr. Ich beendete sogar meine musikalische Laufbahn und konnte plötzlich eine Zeit geniessen, in der ich so etwas wie innere Ruhe verspührte. Dieses Gefühl kannte ich schon lange nicht mehr und es war herrlich. Alles war plötzlich so stressfrei. Hatte ich mir meine inneren Spannungen einfach rausgebumst, oder war nun endlich die Zeit gekommen, in der mich die Unglücksdämonen verlassen hatten und mich mein Leben leben liessen? Ich weiss es bis heute nicht und muss gestehen, dass diese Fragestellung auch in keinster Weise irgendwelchen Belang hatte, denn es zählte die Tatsache, dass ich nun endlich zur inneren Ruhe kam, die es mir ermöglichte reflektiert und bewusst mein Leben anzugehen. Es war alles so derart irre, wahnsinnig, unvorhersehbar und unerklärlich, wie ein ganz schlechter Trip. Dennoch prägten mich diese Jahre ungemein und ich konnte, im Nachhinein gesehen, sehr viel daraus lernen. Eine ganz wichtige Erkenntnis aus dieser Zeit nehme ich bis heute noch mit: so möchte ich nie mehr leben müssen!

Es kam dann endlich eine sehr ruhige Zeit. Ich fand immer mehr zu einer inneren Ruhe und konnte Stück für Stück reflektieren und nachdenken. Ich schmiss zu allererst meinen übergrossen Lebensfrust über den Haufen, danach viele meiner eingefahrenen Überzeugungen, bis ich mich dann schrittweise auf meinen Lebensweg konzentrieren konnte. Ich lernte Respekt zu haben. Respekt vor dem Leben, vor meinen Mitmenschen und vor allem Respekt vor mir selbst. Eine ganz wichtige Erkenntnis war auch, dass man nichts im Leben für selbstverständlich ansehen sollte. Ich lernte in späterer Folge dann auch noch meine Frau kennen, mit der ich bis zum heutigen Tag noch zusammen bin. Durch sie und mit ihr lernte ich viele neue Aspekte des Lebens kennen und bin ihr bis heute auch sehr dankbar dafür. Auch meine Ziele gingen langsam auf, Stück für Stück und in kleinen

Schritten. Gerade nach dieser langen, bitteren Zeit, empfinde ich jedes Erreichen eines Zieles – und sei es noch so ein kleines Ziel – als grosses Geschenk. Natürlich ist nicht alles eitle Wonne geworden und es gibt immer noch genug Probleme. Ich bin aber froh, dass ich diese  heute mit sehr viel mehr Ruhe angehen kann und auch  differenzierter sehe. Diese Jahre des Verdruss, des Verzichtens und des damit verbundenen Frust sind Gottseidank vorbei. In diesem Sinne soll das nun nicht als Happy End gesehen werden. Denn „happy" ist zwar in Ordnung, aber auf das Ende möchte ich noch sehr lange warten, denn ich habe noch echt viel vor in meinem Leben. Auch wenn ich erst spät mit dem Leben anfangen konnte, so sehr geniesse ich es heute und freue mich auf jeden neuen Tag.

144

# Anekdoten aus dem Allerlei



*Die Anekdote mit dem chinesischen Essen.*

Eine kurze, lustige Anekdote aus einer eigentlich recht schlimmen Zeit, aber selbst da gab es auch mal witzige Begebenheiten.  Ich sass, wie fast jeden Tag in dieser Zeit, in meinem Stammbeisl. Es war ein ziemlich berüchtigtes Cafe, in welchem es nicht nur Getränke aller Art gab, sondern auch ein Umschlagplatz für Drogen aller Art war.   An einem dieser Tage war mein Alkoholpegel schon ziemlich überschritten. Es war früher Nachmittag und ich schlief schon meinen ersten Rausch aus. Doch irgendwann kam einer meiner Bekannten, den ich schon aus der Schule kannte, in das Cafe. Er kam also rein, setzte  sich zu uns an den Tisch und fragte wer mit ihm chinesisch essen gehen wolle. Nach einigem Überreden seinerseits, stimmte ich zu, jedoch wohl wissend, dass ich   kein Geld mehr dabei hatte. Aber ich war guter Dinge, denn in meinem Rausch sah ich die Dinge dann schon mal etwas lockerer. So zogen wir los zum nächsten Chinarestaurant. Es gab zu damaliger Zeit in der gesamten Stadt genau ein China-Restaurant und dieses befand sich in etwa auf Erdgeschosshöhe in  der  Fussgängerzone.  Genauer  gesagt, musste man ein paar wenige Stufen runter gehen, daher sah man von der Strasse rein in dieses Restaurant. Das Personal schien nicht sonderlich glücklich ob unseres Kommens. Einerseits war mein Äusseres zu dieser Zeit für viele nicht sehr ansprechend, da ich einen Irokesenschnitt und die dementsprechende, dazupassende Punk-Kleidung hatte und andererseits war meine Alkoholisierung auch nicht zu übersehen. Aber gut, wir bekamen einen Tisch und wurden freundlich bedient. Es kam zur Bestellung und ich wusste dass ich kaum Geld dabei hatte, aber das wusste weder mein Bekannter, noch der freundliche Kellner, der so dann unsere Bestellung aufnahm. Da es sowieso schon egal war, bestellte ich was die Küche zu Bieten hatte. Vorspeisen, Suppen, Hauptgerichte, Nachspeisen und das alles in doppelt und dreifacher Menge. Ich wurde während des Bestellvorganges ein paar mal gefragt, ob ich auch wirklich soviel essen möge und könne. "Pah, kein Problem!". Und so wurde die Bestellung weiter aufgenommen und die Augen und Ohren der Anwesenden immer größer. Nun sassen wir da, tranken unser Bier und warteten auf unsere Bestellung. Zumindest mein Bekannter wartete darauf, denn ich wusste ja, dass ich kaum Geld hatte. Und so sagte ich ihm, ich müsse schnell auf das WC. Aber anstatt die Örtlichkeit aufzusuchen, schlich ich mich aus dem Lokal raus. Wie bereits erwähnt, konnte man von der Strasse aus reinsehen in das Lokal. Unser Tisch war ausgerechnet noch genau vor dem Fenster und er sass zudem noch mit dem Rücken zum Fenster. Ich konnte es mir nicht verkneiffen, vor eben jenem Fenster stehenzubleiben und mir das folgende Schauspiel mitanzusehen. Und irgendwann kam die Bestellung. Es waren Unmengen! Sie hatten sogar kleine Wagen, mit denen sie es zum Tisch brachten. Mein Bekannter wurde nervös und begann zu gestikulieren, aber das Personal war unbeeindruckt davon und karrte die weiteren Bestellungen zum Tisch. Ich hatte dennoch genug gesehen, übergab mich noch schnell vor dem Lokal und ging dann wieder zurück in mein Cafe. Und da ging alles wieder seinen gewohnten Lauf und der Alkoholpegel stieg und stieg. Bis plötzlich der Bekannte da stand, mit unendlich vielen Plastiktüten unter den Armen und einer gewaltigen Wut im Bauch, denn er musste natürlich alles bezahlen was sie an den Tisch karrten und das war nicht gerade wenig. Wir alle am Tisch bekamen einen richtigen Lachkrampf, bis er sich schliesslich, völlig entnerft zu uns an den Tisch hockte. Ob er es dann alles aufgegessen hat, das entzieht sich leider meiner Erinnerung und Kenntnis.

Ich hatte mit meiner ersten, richtigen Band, eines Tages ein Konzert, welches eigentlich das Geburtstagsfest eines Bekannten war. Dieser Bekannte, oder besser gesagt seine Eltern, besassen eine sehr grosse Landwirtschaft. Dementsprechend verfügten sie über einige Nebengebäude und Stallungen. In einem dieser, eher grossen Nebengebäude fand besagte Geburtstagsfeier und auch das Konzert statt. Da mein Bekannter über einen wirklich grossen Freundes- und Bekanntenkreis verfügte, kamen auch sehr viele Leute. Von der Grössendimension her, war es einer mittelgroßen und sehr gut besuchten Veranstaltung gleichzusetzen. Selbst die Bühne auf der wir spielten, war ungewohnt gross. Diese bestand aus grossen, aneinandergereihten Anhängern und mehreren Holzpaletten. Klingt einerseits recht dürftig und sparsam, war aber in Wirklichkeit alles andere als das. Da wir selbst noch etwas unter der Volljährigkeit waren, hatte natürlich keiner von unserer Band - ich eingeschlossen - einen Führerschein, geschweige denn ein Auto. Daher mieteten wir einen grossen Bus und baten einen etwas älteren Kollegen, ob er uns fahren könne. Dieser Kollege bezahlte den Bus im Voraus für uns, da er davon ausging, dass wir ihm den ausständigen Betrag sofort retournieren. Diese Summe blieben wir ihm aber bis zum heutigen Tage schuldig; sorry for that! Wir donnerten also unser gesamtes Equipment in den gemieteten Bus und fuhren früh nachmittags los. Es war ein geschlossener Bus, ein Kastenwagen, ohne Fenster. Und da wir auch noch mit mussten, sassen wir während der Fahrt zum Auftrittsort, im völlig finsteren, in mitten des, natürlich ungesicherten Equipments, im Laderaum des Wagens. In jeder Kurve wurden wir herumgeschleudert und machten Bekanntschaft mit herumfliegenden Instru-

148

menten- und Verstärkerteilen aller Art. Mal bekam ich einen Gitarrenkoffer auf den Kopf, mal rollte die Lautsprecherbox auf mich zu, mal schepperten irgendwelche Mikrofonständer auf uns nieder. Es war eine Fahrt, welche ich wohl mein Lebtag nie mehr vergessen werde. Da ich dem Fahrer das Geld noch schuldig blieb und er es meines Erachtens zu diesem Zeitpunkt schon geahnt hatte, war sein Fahrstil sicher auch nicht von zimperlicher Natur. Aber gut, auch diese Fahrt ging mal zu Ende und wir erreichten nach einiger Zeit, mit nur überraschend leichten Blessuren, den Auftrittsort. Es waren schon sehr viele Leute zugegen und wir begannen mit dem Aufbau und Soundcheck. Nach getaner Arbeit widmeten wir uns alle dem Alkohol. Gut angeheitert und vor gut gefüllter Hütte, bretterten wir mit unserem Sound los. Die Stimmung war gut und unser Krawall wurde von der tobenden Meute dankend aufgenommen. Es war eines der längsten Konzerte die wir je spielten, aber trotzdem neigte sich auch unser Set irgendwann dem Ende zu. Was uns dann, gegen Ende unseres Konzertes, zum Verhängnis wurde, war, dass zur gleichen Zeit zwei Gruppierungen in der Gegend unterwegs waren, welche durch den Lautstärkepegel vom Konzert in der näheren Umgebung auf die Feier / Veranstaltung aufmerksam wurden. Die beiden Gruppierungen kamen kurz nacheinander in den sowieso schon voll gefüllten Saal und hatten nur eines im Sinn: Stress! Die einen waren irgendwelche Aggro-Punks, welche sich gröhlend vor die Bühne stellten und uns mit wüstesten Parolen zum Aufhören bringen wollten. Die andere Gruppierung bestand aus einer Horde älterer Rocker, welche alle im hinteren Teil standen und im Vollrausch mehr von unserem Sound forderten. Erstere Gruppierung stellte ihre Forderungen sehr rasch ein, da sie irgendwann den Gratis-Alkohol entdeckten und somit nun diesem frönten und uns gar nicht mehr wahrnahmen. Aber die Rocker wurden immer mehr und dachten nicht daran, es zu dulden dass wir aufhörten zu spielen. Die Stimmung wurde immer angeheizter und sie drängten immer mehr nach vorne, in Richtung Bühne. Die ersten Drohungen waren schon klar und unmissverständlich: wir müssen auf jeden Fall weiterspielen, sonst gäbe es Nasenbruch. Da diese Gruppe auch bekannt und berüchtigt war, wusste jeder, so wie auch wir, dass sie selten mit so etwas scherzten. Wir kamen immer mehr in Bedrängnis und versuchten noch ein paar Songs runter zu leiern, was ihnen aber auch nicht passte, denn sie hatten auch Musikwünsche, die wir natürlich nicht in der Lage waren zu spielen. Die Lage spitze sich dramatisch zu und wir wussten, dass es nicht mehr viele Alternativen für uns gab. Aber wir bekamen den Tipp, dass hinter all den Maschinenteilen, welche sich neben der Bühne befanden, auch eine Tür ins Freie führen würde. Aber einfach so langsam rausspazieren ging nicht. So mussten wir uns während des Spielens absprechen, denn die Rocker umkreisten uns und hatten uns schon genau im Auge. Nach einem Song jedoch, schnallten wir unsere Instrumente ab und rannten, wie abgesprochen, zu den Maschinenteilen, wo sich tatsächlich eine Türe ins Freie befand. Wir rannten was das Zeug hielt und trafen uns nach einiger Zeit bei einem schon vorher ausgemachten Versteck, wo auch schon ein paar andere Kumpels auf uns warteten. Die Rocker versuchten uns noch nachzulaufen, gaben aber ziemlich schnell auf. Dennoch mussten wir eine längere Zeit im Freien ausharren und abwarten, zumindest bis Entwarnung kam. Uns war es dennoch egal, denn wir hatten etwas zum Rauchen und jemand brachte uns noch Wein, somit war die Wartezeit erträglich. Irgendwann bekamen wir Bescheid, dass die Rocker weitergezogen wären und wir konnten wieder zurück zum eigentlichen Fest. So wie es aussah, hatten sie es wirklich nur auf uns abgesehen, denn alle anderen Festbesucher verschonten sie. Auch unsere Instrumente blieben verschont. Wir waren einfach zur falschen Zeit, am falschen Ort und lockten sie mit unserem Sound auch noch an. Auch Musiker können ab und an ganz schön gefährlich leben.

Nach einigen Jahren musikalischer Pause, welche ich gezwungenerweise durch meine Drogensucht hatte, kam ich zu einer neuen Band, bei der ich als Sänger meinen Platz fand und mein grösstes Konzert spielte in Punkto Zuschauermenge und Bühnengröße. Meine Motivation kannte keine Grenzen und mein Vorhaben in Hinsicht auf das kommende Konzert war zweifelsfrei klar: auffallen um jeden Preis! Mir ging es nie darum, die grösstmögliche musikalische Leistung zu erbringen, sondern das Gesamtpaket musste passen und jedem Zuschauer in Erinnerung bleiben. Aus diesem Grund entschloss ich mich, unserer Musik etwas Feuer unter dem Hintern zu machen, im wahrsten Sinne des Wortes. Ohne meine damaligen Bandkollegen zu fragen, schmiedete ich schon eifrig Pläne, wie uns dieses erste gemeinsame Konzert von allen anderen Bands, welche an diesem Abend spielten, abheben sollte. Ich hatte klare Vorstellungen, viel Feuer und Rauch sollte unseren heavy Sound untermalen. Danach soll ein Gitarrensolo von mir kommen, bei dem ich spielend durchs Publikum getragen werde und zu guter letzt sollte noch meine Gitarre dran glauben, welche auf der Bühne zertrümmert werden sollte. Mit diesem Drei-Punkte-Plan vor Augen, machte ich mich sogleich ans Werk, damit diese Ideen beim Konzert dann auch Realität werden würden. Als allererstes begann ich damit, mir irgendeine Art von Sprengstoff zu besorgen. Da mein Budget zu dieser Zeit mehr als überschaubar war, reichte mein finanzieller Rahmen leider nicht für die professionellen Bühnenblitze mit elektrischer Zündung, daher kaufte ich mir eine nicht unerhebliche Menge an Bengalischem Feuer, welches man von den Fussballspielen kennt. Zuhause experimentierte ich natürlich mit der Menge, damit ich beim Konzert ja die richtige Dosierung einschätzen konnte. Und statt dem teuren Elektrozünder, kaufte ich mir eine Lunte, mehr ging sich leider nicht aus. Um eine Gitarre auf der Bühne zu zerstören, kaufte ich mir durch ein Zeitungsinserat, von einem Musik-Desinteressierten Studenten, eine weisse Stratocaster. Die Gitarre war so eine Art Erbstück und er konnte nichts mit ihr anfangen, daher gab er sie wirklich günstig her. Der Markenname war abgeschliffen und somit auch für mich ein Zeichen, dass die Gitarre nicht sonderlich wertvoll gewesen sein konnte. Dennoch wunderte ich mich in späterer Folge immer über den richtig soliden Sound und die tadellose Verarbeitung dieser Gitarre. Und das, obwohl sie schon sehr alt war und ihre optischen Macken hatte. Wie auch immer, ich machte mir dann darüber auch nicht weiter Gedanken, denn es war noch einiges vorzubereiten und viele Proben bis zum Konzert. Und dann kam er, dieser eine Tag, an dem es ernst wurde und wir unseren ersten Auftritt hatten. Meine Bandmitglieder waren zwar mittlerweile über meine Vorhaben in Kenntnis gesetzt. Leider waren sie aber nur mässig von den Plänen erfreut. Trotzdem zogen wir es durch und es waren zum Glück einige Kumpels anwesend, die mir halfen die Pläne in die Tat umzusetzen. Sonst war absolut niemand eingeweiht, weder der Veranstalter, noch die Tontechniker. Nachdem die ersten Bands ihre Auftritte hinter sich hatten, kamen wir endlich dran. Nun musste alles schnell gehen, denn es war nicht so viel Zeit zwischen den Auftritten eingeplant. Und so kam es wie es kommen musste. Während die anderen noch ihre Instrumente stimmten, stellte ich meinen mitgebrachten Metallkelch mitten auf die Bühne und schüttete im dunkeln das Bengalische Feuerpulver hinein, ohne jedoch abschätzen zu können, welche Menge ich da überhaupt reinfüllte. Danach steckte ich noch die Lunte in das Pulver und verlegte es in Richtung Bühnenseite, wo ein Kumpel stand, der es auf mein Zeichen zünden solle. Des weiteren sprach ich mit einem Tontechniker und weihte ihn ein, dass ich auf den Schultern eines weiteren Kumpels, durch die Menge getragen werden möchte, während ich ein Gitarrensolo spiele. Ich bekam also noch ein zwanzig Meter langes Kabel überreicht, welches eigentlich für den Ritt durchs Publikum lang genug sein sollte. Dieses Kabel legte ich vor dem Auftritt neben einen, ebenfalls ausgeliehenen und nicht gerade günstigen MARS-HALL-Verstärker. Und meine vermeintlich günstig erworbene Gitarre hatte ich ebenfalls dabei. Nun war alles vorbereitet und es konnte eigentlich nichts mehr schiefgehen. Weit gefehlt, denn es kam alles anders. Der Augenblick war gekommen, das Bühnenlicht ging an und wir schmetterten auf dieser riesen Bühne unseren Sound über eine mehrere tausend Watt starke Anlage, hinaus ins Publikum. Geplant war, dass mein Kumpel am Bühnenrand zum Ende des ersten Songs die Lunte zündete und ich mich kniend vor den, mit Bengalischem Feuer vollgefüllten Kelch warf, genau in dem Moment wie das Feuer losgeht. Das Timing verlief zwar planmässig und mein Kumpel zündete die Lunte, aber das verdammte Ding musste im Vorfeld irgendwo feucht geworden sein und ging nach ein paar Zentimetern aus. Ich kniete schon vor dem Kelch, breitete meine Arme aus und sah im Augenwinkel wie Hektik ausbrach, weil die Lunte ausging. Mein Kumpel gab aber nicht auf und steckte ein kurzes Stück Lunte in den Kelch, zündete nochmal schnell an und rannte wieder von der Bühne. Und in diesem Moment gab es eine Stichflamme, welche an Grösse und Intensität nicht voraussehbar war. Ich merkte noch wie mir tausend kleine Funkenspritzer ins Gesicht flogen und ich das Gefühl hatte, dass ich nun bei lebendigem Leib verbrenne. Ich hörte nur noch ein lautes "Ooooh" aus dem Publikum und unser Kameramann, den wir extra engagierten, erschrack dermassen, dass er vor lauter Schreck die Kamera wegdrehte, so dass wir diesen feurigen Moment nicht mal auf Video hatten. Gott sei Dank passierte mir aber nichts und ich spielte den Gig natürlich gleich weiter, auch wenn es mir etwas heiss ums Gesicht war. In der Mitte des Gigs war nun endlich der grosse Ritt durchs Publikum angesagt, bei dem ich dann noch zusätzlich ein Gitarrensolo spielen sollte. Nebenbei erwähnt war ich ja nur der Sänger, daher war es dem eigentlichen Gitarristen der Band alles andere als Recht, dass ich an der Gitarre auch noch einen raushängen liess. Nichts desto trotz zog ich mein Ding durch, schnallte mir meine Gitarre um und kletterte von der Bühne aus auf den Rücken meines Kumpels, der mich dann spielend durch die johlende Menge trug. Auch hier funktionierte eigentlich alles zeitlich planmässig und durch das ausgeliehene zwanzig Meter Kabel, hätte es eigentlich kein Problem geben dürfen. Eigentlich! Denn irgendwie wurde das Kabel in der Hektik vertauscht. Während ich mein brachiales Solo spielte und Huckepack durchs Publikum ritt, merkte ich plötzlich ein ruckartiges Ziehen. Mein Kumpel war kein Freund von Widerständen und entgegnete dem Ziehen mit einem ebenfalls ruckartigen nach Vorne marschieren. Nur plötzlich war der Sound aus und man hörte ein Rumpeln auf der Bühne. Durch das unwissentlich vertauschte Kabel, welches um Ecken kürzer war, rissen wir den ebenfalls ausgeliehenen MARSHALL Gitarrenverstärker zu Boden, was für mein Solo ein abruptes Ende bedeutete. Derjenige, dem der MARSHALL-Verstärker gehörte, war natürlich alles andere als erfreut, doch ich versuchte es mit Humor zu nehmen und kletterte zurück auf die Bühne, wo gleich der letzte und finale Showdown kommen sollte, nämlich das Zertrümmern meiner Gitarre. Ein Techniker stöpselte in der Zwischenzeit die Gitarre um, damit diese wieder hörbar wurde. Eines habe ich aber nach dieser Aktion gelernt, wenn man plant eine Gitarre zu zertrümmern, welche noch über eine mehrere tausend Watt Anlage  angeschlossen ist und man dabei den Tontechnikern im Vorfeld kein Wort verrät, kann das richtig böse Folgen nach sich ziehen. Ich spielte also noch ein paar Töne und drosch - ohne Vorankündigung - meine Gitarre auf den Bühnenboden. So richtig Showreif und mit voller Wucht. Nicht ein mal, nicht zwei mal, nein, ganze fünf mal bis sie zerbrach. Die Tontechniker hatten natürlich, auf Grund dessen, dass sie ja nicht wussten was ich vor hatte, keine Chance die Regler der PA-Anlage runter zu ziehen, wodurch sich beim ersten Aufschlagen meiner Gitarre auf den Bühnenboden, gleich die ersten Lautsprecher der Anlage verabschiedeten. Ob es nun genau an meiner Gitarren-Zerschlag-Aktion lag, oder die Boxen schon vor dem Konzert marrode Züge aufwiesen, wird wohl nie ganz geklärt werden. Was aber ohne Zweifel ein finaler Show-down wurde, war der heranstürmende Cheftontechniker, der mich schreiend alles nannte und mir klar zu machen versuchte - ebenfalls schreiend - dass ich solche Aktionen nie wieder ohne vorherige Absprache mit den Tontechnikern machen solle. Aber das liess mich an diesem Abend alles kalt, denn das Publikum feierte die Aktion frenetisch, die Presse stürmte auf uns zu und wollte ein Interview und einer wollte mir sogar die Reste der zerschlagenen Gitarre abkaufen, was ich aber auf Grund seines merklich hohen Alkoholgehaltes dankend ablehnte. Wie sich nämlich später auch noch herausstellte, war die so günstig ge-kaufte, aber spitzen klingende Gitarre, eine originale Fender! Der Student, der sie mir verkaufte, hatte ebenso wenig Ahnung davon, wie ich, zumindest bis ich die Einzelteile in der Hand hielt, welche untrüglich die wahren Werte dieser Gitarre zum Vorschein brachten. Shit happens. Dennoch war es ein mehr als gelungenes, erstes Konzert, welches mir bis heute als eines der besten, grössten und eindrucksvollsten Konzerte in Erinnerung blieb.

# Schlusswort

Ich habe ihn gelebt den Rock´n ´Roll, aber wirklich toll war er nicht und ich kann auch nicht behaupten, besonders stolz darauf zu sein. Ich lebte alles andere als ein Standardleben, denn die berühmte goldene Mitte gab es bei mir nicht wirklich. Es gab immer nur Hopp oder Top - ganz oder gar nicht - das Zwischending blieb meist aus. Umso glücklicher bin ich heute, dass ich mich immer öfter zur Mitte hinbewegen kann und auch mal fünf gerade sein lassen kann. Es kostete scheiss viel Energie und ich sah den Endpunkt meines Lebens nicht nur einmal vor meinen Augen. Dennoch, oder gerade deshalb bin ich heute froh darüber, dass ich meine Vergangenheit hinter mir lassen und mir ein gutes Leben aufbauen konnte. Leicht war es wirklich nicht.

Dieses Buch zum jetzigen Zeitpunkt zu schreiben, war beabsichtigt, denn erst jetzt merkte ich, dass ich den  nötigen Abstand und vor allem die nötige Reife dafür habe. Dennoch war es auch für mich eine Odyssee und eine nochmalige Reise durch mein bisheriges Leben. Es schauderte mich richtig beim Schreiben, als ich in die Erinnerung eintauchte und Momente erlebte, die ich schon fast vergessen hatte. Aber nur fast, denn das Vergessen, oder gar das Verdrängen macht unbedacht und unvorsichtig im Leben. Auch wenn es heute wirklich gut läuft, muss ich an einen Satz denken, den mir der damalige Leiter der Therapiestation immer wieder sagte: "Vergiss nie wo du herkommst!". Dieser Satz blieb mir in Erinnerung, vor allem deshalb, weil er mir immer eine Mahnung sein soll gegen das Vergessen. Wer vergisst fängt an die Sachen als Selbstverständlich zu betrachten  und gerät Gefahr wieder alten Lebensstrategien zu verfallen. So zumindest war immer meine Interpretation davon. Aus dieser Erkenntnis zog ich meine Konsequenzen und lebe heute sehr bedacht und mit der nötigen Portion an Weitblick.

Ich hatte damals genau zwei Möglichkeiten mit meiner Vergangenheit umzugehen: entweder der daraus resultierende Frust regiert mein ganzes zukünftiges Leben und ich bin frustriert über all das was mir wiederfahren ist, oder ich schliesse ab, mache einen Haken unter die ganze Geschichte, lerne daraus und wachse daran. Ich habe mich für letzteres entschieden und bin froh über diese Entscheidung, denn ich habe genügend Leute kennengelernt, welche sich für die erste Variante entschieden haben und bis zum heutigen Tag daran festhalten.

Fast auf den Tag genau Vier Monate arbeitete ich an diesem Buch. Ein gesundheitliches Gebrechen, welches mich die ganzen Monate zur körperlichen Ruhe zwang, mich aber leider auch meine berufliche Tätigkeit kostete, war für mich der Startschuss zum Schreiben. Ab dem ersten Tag an dem ich krankheitsbedingt zuhause war und auch genau wusste, dass es diesmal eine gesundheitlich ernstere Geschichte werden ist, war für mich klar, dass ich mir durch so etwas nicht meine Lust am Leben nehmen lassen möchte und dem Unglück zum Trotz meinen Alltag so gut wie möglich gestalte. Ich wollte die Zeit nutzen, mein Vorhaben, ein Buch zu schreiben, Wirklichkeit werden zu lassen. Zeitliche Limits setzte ich mir keine und ich rechnete mit einigen Monaten Schreibarbeit, aber ich war fleissig und verlasse diese geschriebene Zeitreise nun nach vier Monaten.

Die sprichwörtlichen neun Leben einer Katze stecken in diesem Buch. Auch wenn es nur in kurzen Auszügen beschrieben ist, habe ich natürlich noch viel, viel mehr erlebt und durchlebt, aber hätte ich all das zu Papier gebracht, wäre es ein zig-tausend Seiten langer Buchband geworden. Namen von Personen und Orten liess ich so gut es ging absichtlich weg, denn ich wollte jedem die Entscheidung ersparen, ob und in welchem Zusammenhang er oder sie in meinem Buch vorkommt. Auch war es für mich eine Frage des Respekt. Nur weil bei mir viel daneben ging, müssen nicht andere hineingezogen werden, die eventuell gar kein Interesse haben mit dieser Vergangenheit konfrontiert zu werden.

Und das Fazit? Die grosse Message dieses Buches? Es wäre mir zu simpel, den Inhalt dieses Buches auf eine einzige Message zu beschränken. Aber eines möchte ich zum Schluss schon noch mitgeben: Egal welches Schicksal einem mal wiederfahren ist, egal wie weit man unten ist, oder wie eingefahren das momentane Leben ist, ....Das Leben ist noch nicht vorbei. Oder wie gewisse Buddhisten zu sagen pflegen: „Das Leben besteht durchschnittlich aus 36000 Tagen - heute ist einer davon!". Die wichtigsten Dinge im Leben sind Zeit, die Fähigkeit nachzudenken und Zufriedenheit. Ersteres lässt sich nehmen, zweiteres ist uns gegeben und letzteres lässt sich mit Hilfe der ersten beiden Faktoren aufbauen.

In diesem Sinne sage ich danke, für die Zeit die ihr euch genommen habt dieses Buch zu lesen und wünsche euch Zufriedenheit, Weitsicht und Zeit....